Inhaltsverzeichnis

Paul verkauft auf dem Flohmarkt einige Spielsachen. Für jedes Kuscheltier will er 3 €, für seine Autos will er je 1 € und für ein Buch verlangt er je 2 €.

1. **Lies dir den Text 3-mal langsam durch.**

2. **Decke den Text jetzt ab.**

3. **Kreuze an ☒, was stimmt.**

- ☐ Paul will etwas kaufen.
- ☐ Ein Junge verkauft etwas.
- ☐ Das Mädchen ist auf dem Flohmarkt.
- ☐ Der Junge ist auf dem Flohmarkt.
- ☐ Paul verkauft Schulsachen.
- ☐ Er hat 3 Kuscheltiere.
- ☐ Paul verkauft Kuscheltiere, Autos und Bücher.

4. **Trage die Preise zu den Bildern ein.**

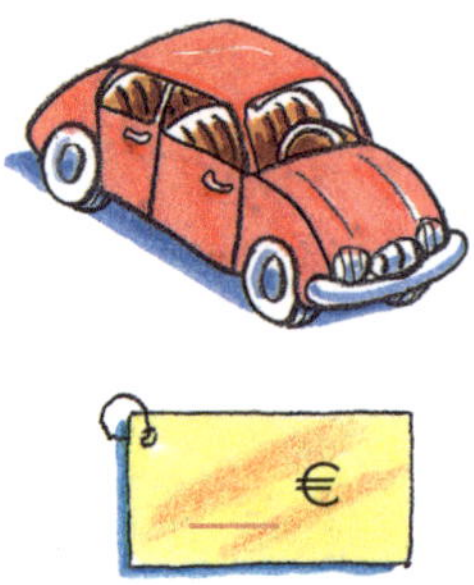

5. Paul überlegt: Wenn ich 3 Autos und 1 Buch verkaufen würde, hätte ich ___ €.

Nach 2 Stunden hat Paul bereits 2 Kuscheltiere, 5 Autos und einige Bücher verkauft. In seiner Kasse sind jetzt drei 5-€-Scheine und zwei 1-€-Münzen.

6 **Beantworte die Rechenfragen.**

a) Wie viel Geld hat er jetzt insgesamt in der Kasse?

Rechnung: ______________________________

Antwort: Er hat ________ in der Kasse.

b) Wie viel hat Paul für die zwei Tiere bekommen?

Rechnung: ______________________________

Antwort: Er hat ________ für die Tiere bekommen.

c) Wie viel hat er für die fünf Autos bekommen?

Rechnung: ______________________________

Antwort: Er hat ________ für die Autos bekommen.

d) Wie viel hat er für die Tiere und Autos bekommen?

Rechnung: ______________________________

Antwort: Er hat ________ für die Tiere und Autos bekommen.

e) Wie viel Geld hat er für die Bücher bekommen?

Rechnung: ______________________________

Antwort: Er hat ________ für die Bücher bekommen.

f) Wie viele Bücher hat er verkauft?

Rechnung: ______________________________

Antwort: Er hat ___ Bücher verkauft.

(1) Der Kindergarten Sonne kauft 10 Bohnensäcke zu je 2 €, 8 Reifen zu je 7 € und 5 Handtrommeln. Frau Bauer bezahlt 111 €.

Bringe die Rechenfragen in eine sinnvolle Reihenfolge (a–e). Beantworte sie.

☐ Wie viel kosten die 8 Reifen?

Rechnung: ____________________

Antwort: Die Reifen kosten ______.

☐ Wie viel kosten die 10 Bohnensäcke?

Rechnung: ____________________

Antwort: Die Bohnensäcke kosten ______.

☐ Wie viel kostet 1 Handtrommel?

Rechnung: ____________________

Antwort: Eine Handtrommel kostet ______.

☐ Wie viel kosten die Säckchen und Reifen zusammen?

Rechnung: ____________________

Antwort: Zusammen kosten sie ______.

☐ Wie viel kosten 5 Handtrommeln?

Rechnung: ____________________

Antwort: Die Handtrommeln kosten ______.

2 Der Sportverein Köln braucht 10 Sprungseile zu je 3 € und 9 Gymnastikbälle. Trainer Frank bezahlt mit einem 100-€-Schein und bekommt 16 € zurück. Wie viel kostet ein Gymnastikball?

Antwort: ______________________________.

3 Der Schwimmverein Ulm kauft 3 Schwimmbretter zu je 11 € und 5 Taucherbrillen zu je 9 €. Wie viele Tauchringe zu je 3 € kann er noch kaufen, wenn Trainer Uli 100 € dabeihat?

Antwort: ______________________________________.

Welche Zahlen haben sich hier versteckt?

Mein Tipp: Schau dir alle Aufgaben genau an. Beginne mit der Rechnung, die du sicher lösen kannst ...

1

2

3

Für Mathe-Super-Stars!

4

Ein Sudoku ist ein japanisches Zahlenrätsel. Das Wort „Sudoku“ ist japanisch und bedeutet: „Die Zahl, die allein steht.“

So geht es: In jedem der neun Quadrate müssen alle Zahlen von 1 bis 9 einmal stehen. Dabei gilt aber, dass in jeder ganzen Zeile und in jeder Spalte jede Zahl von 1 bis 9 nur einmal erscheinen darf.

Arbeite mit dem Bleistift!

1

	5	9	1	2	6	3	4	8
3	1	4			5	2	6	7
	6	8	4	3	7		9	
1		2	6		8	9		5
6	8		3	5	9	1	2	4
4	9	5	7	1			3	6
5	7		8	9	3	4	1	2
9	2	1		7	4	6	8	
	4	3	2	6		7	5	

2

3		2	9		7	5	1	8
7	6	5		8	2		3	4
	8	9	3	4	5	6	7	
5	7	6	8	9		1	2	
4		1		3	6	8	9	5
8	9		2	5	1	4		7
2	1		5	7	9	3		6
	3	4	6		8	7	5	1
6	5	7	4	1		2		9

3

6			2	4	3	8		5
	2	7		6		3		9
5	4	3	9		8	2	1	
	6	8	3		7			1
9	3		8	1	5	7	6	2
1		5	4			9	8	
3		9		5	4		2	7
	5	2	6	8		1	3	
4		6	7		2		9	8

Mit Tabellen zur Lösung

1 Eine Eistüte mit zwei Kugeln kostet 1,50 €.
Wie viel kosten …

… 1 Eistüte?	
… 2 Eistüten?	
… 4 Eistüten?	
… 8 Eistüten?	
… 9 Eistüten?	
… 10 Eistüten?	
… 12 Eistüten?	
… 1 Kugel?	

2 Simone bekommt jeden Monat 8,00 € Taschengeld, Martin 8,50 €.
Wie viel Taschengeld bekommt jedes Kind in …

	Simone	Martin
… 1 Monat?		
… 2 Monaten?		
… 4 Monaten?		
… 8 Monaten?		
… 3 Monaten?		
… einem halben Jahr?		
… einem ganzen Jahr?		

3 Familie Fischer wandert gerne.
In einer Stunde schafft sie eine Strecke von 4 Kilometern.
Welche Strecke schafft sie in …

1 Stunde?	
einer halben ($\frac{1}{2}$) Stunde?	
15 Minuten?	
2 Stunden?	
$2\frac{1}{2}$ Stunden?	
	12 km
	24 km
	16 km

4 Robert sammelt Fußballbilder.
1 Päckchen mit 3 Bildern kostet 1,25 €. Robert überlegt:
„Wie viele Päckchen würde ich wohl für 40 € bekommen?“

1 Päckchen	1,25 €
	40,00 €

Trage fehlende Angaben in die Skizzen ein.
Rechne aus.

1. Max und seine Familie sind in den Ferien auf dem Donauradweg von Regensburg nach Deggendorf geradelt. Die gesamte Strecke ist 100 km lang. Am 1. Tag schafften sie 38 km und am 2. Tag 45 km.

   a) Wie viele Kilometer mussten sie am 3. Tag noch radeln?
   b) Wie oft mussten sie zwischen Regensburg und Deggendorf übernachten?

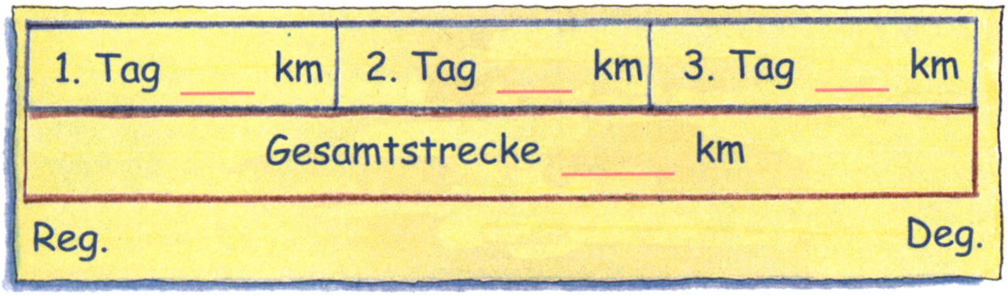

Antwort: Am 3.Tag mussten sie __________ radeln.

Sie mussten __________ übernachten.

2. Sarah und Lena machen eine Radtour zur Sommerrodelbahn. Sie radeln um 9.30 Uhr los. Nach einer Stunde und 45 Minuten machen sie eine 20 Minuten lange Pause. Um 12.15 Uhr kommen sie an der Rodelbahn an.
   Wie lange brauchten sie für die Strecke nach der Pause?

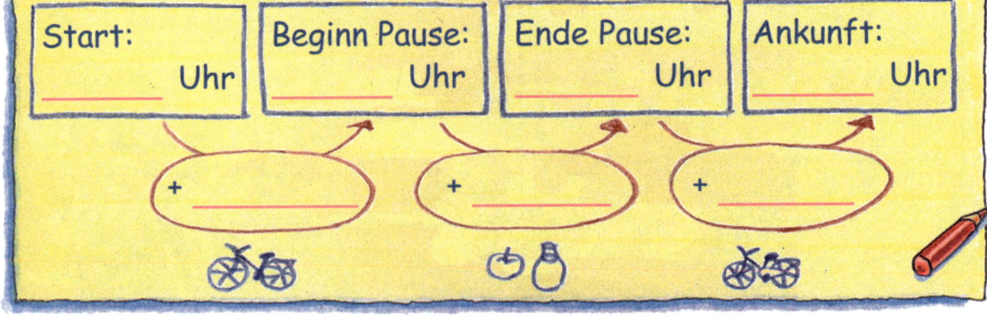

Antwort: Sie brauchten __________ für die Strecke nach der Pause.

(3) Familie Moser hat 3 Kinder. Susi ist 1 m 12 cm groß. Wenn sie sich auf einen 45 cm hohen Hocker stellt, ist sie so groß wie ihre Schwester Anna. Tom muss sich schon auf den Tisch mit 65 cm Höhe stellen, um so groß wie Anna zu sein.
Wie groß sind Anna und Tom?

Antwort: Tom ist ______________ groß.

Anna ist ______________ groß.

(4) Anika bekommt ein neues Bücherregal. Die Bretter für die Regalböden sind alle 80 cm lang. Das Regal soll 3,20 m breit werden und 4 Regalböden übereinander haben.
Wie viele Seitenteile (blau) und Regalböden (rot) muss Anikas Vater kaufen?

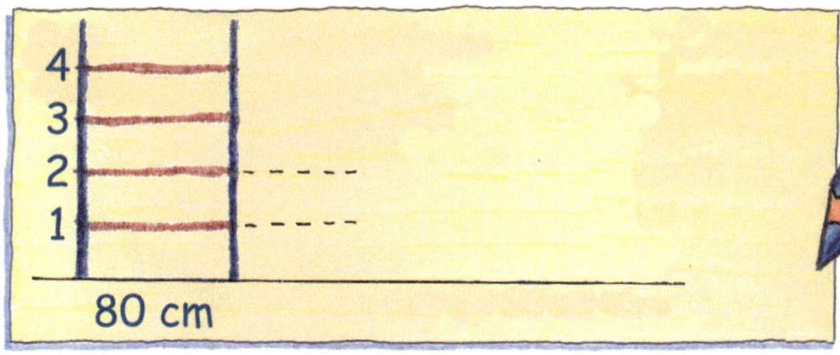

Antwort: Anikas Vater braucht ____ Seitenteile
und ____ Regalböden.

Zeichne und rechne aus.

(1) Sven fährt jeden Tag mit dem Rad zur Schule. Der Weg ist 2 km lang. Nach der Schule radelt er immer 3 km bis zu seiner Oma. Erst am Abend fährt er mit dem Rad heim. Das sind dann noch einmal 2 km.
Wie viele Kilometer legt Sven von Montag bis Freitag zurück?

Antwort: Sven legt von Montag bis Freitag ______ zurück.

(2) Opa baut einen neuen Zaun um seinen Gemüsegarten. Der Garten ist 9 m breit und 12 m lang.
Wie viele Meter Zaun braucht Opa?

Antwort: Opa braucht ______ Zaun.

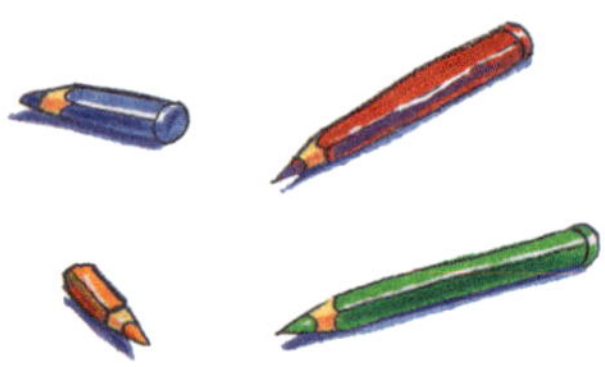

3 Laura hat Fensterdrachen gebastelt. Sie will jeden Drachen mit einer Schleife verzieren. Dafür hat sie ein Band von 2,50 m Länge. Für jede Schleife braucht sie 50 cm.

a) Für wie viele Drachen reicht das Band?

b) Wie oft muss Laura das Band mit der Schere durchschneiden?

Antwort: Das Band reicht für ___ Drachen.
Laura muss das Band ______ durchschneiden.

4 Die Klasse 3a plant einen Wandertag in das 6 km entfernte Mühlbach, um dort den Spielplatz und die Eisdiele zu besuchen. Für einen Kilometer brauchen sie zu Fuß 15 Minuten. Für den Spielplatz und die Eisdiele planen sie insgesamt 1 Stunde Zeit ein.
Um wie viel Uhr sind sie wieder zurück an der Schule, wenn sie um 8.15 Uhr ihre Wanderung beginnen?

Antwort: Sie sind um ________ wieder zurück an der Schule.

Zahlenknobeleien

1 Welche Zahl passt nicht zu den anderen? Streiche durch und begründe.

a) 12 18 26 35 42 50

b) 15 17 40 25 45 10

c) 37 25 44 98 8 51

d) 81 16 25 32 36 49

2 Setze ⊕ und ⊖ Zeichen so zwischen die Zahlen, dass das Ergebnis Null ist.

a) 14 ◯ 37 ◯ 26 ◯ 25 = 0

b) 37 ◯ 26 ◯ 14 ◯ 25 = 0

c) 25 ◯ 26 ◯ 14 ◯ 37 = 0

d) 26 ◯ 14 ◯ 25 ◯ 37 = 0

3 1 9 15 14 18 21 26 37 42

a) Suche die drei Zahlen, die zusammen 100 ergeben.

b) Wähle die vier Zahlen aus, die zusammen ebenfalls 100 ergeben.

c) Schreibe nun die sechs Zahlen auf, die zusammen wieder 100 ergeben.

d) Auch fünf dieser Zahlen ergeben zusammen 100.

1 Jana denkt sich eine Zahl.
Wenn sie von dieser Zahl 25 abzieht, erhält sie das Doppelte von 18. Wie heißt Janas Zahl?

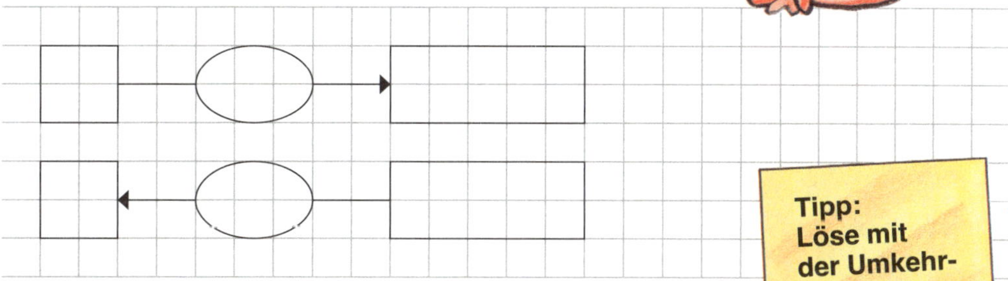

Antwort: Die gesuchte Zahl heißt ____.

2 Wenn man von einer gesuchten Zahl 23 abzieht, erhält man genau das Dreifache von 14. Wie heißt diese Zahl?

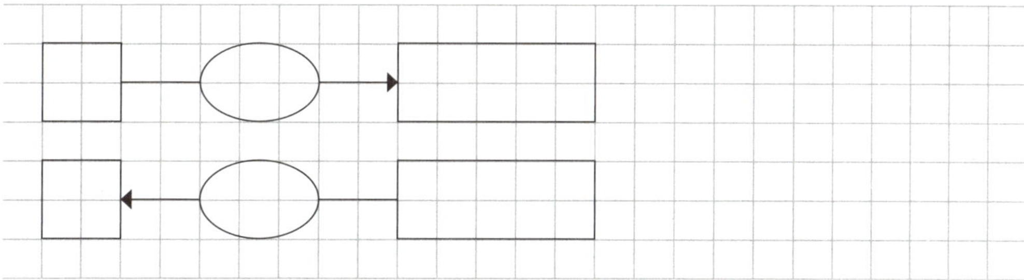

Antwort: Die gesuchte Zahl heißt ____.

3 Zählt man zu einer Zahl 14 dazu und teilt das Ergebnis durch 2, so erhält man 15.

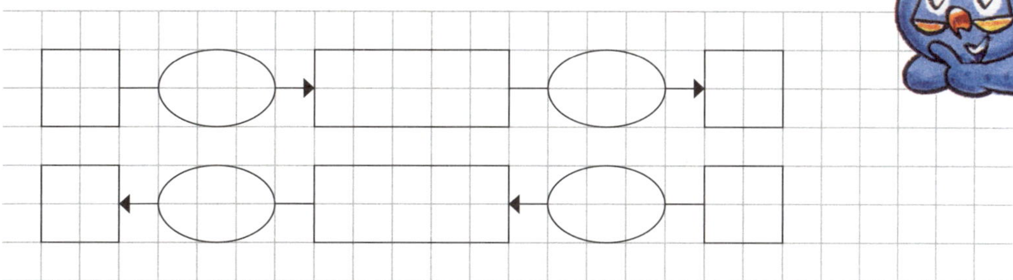

Antwort: Die gesuchte Zahl heißt ____.

Wie viele sind es genau? (1)

1 Bei einem Zoobesuch zählt Michael die Köpfe und Beine der Eisbären und Pinguine. Er zählt insgesamt 6 Köpfe und 16 Beine. Wie viele Eisbären und Pinguine befinden sich im Gehege?

Nun bleiben noch ___ Beine übrig,
die paarweise an die Tiere verteilt werden.

Antwort:
Im Gehege befinden sich ___ Pinguine und ___ Eisbären.

Löse durch Verteilen oder durch Rechnen.

2 In einem anderen Gehege befinden sich Giraffen und Strauße. Nicole zählt 7 Köpfe und 20 Beine.

7 Köpfe → 7 · 2 Beine = ___ Beine

20 Beine – ___ Beine = ___ Beine

:2 ↓

___ Beine

Nun bleiben noch ___ Beine übrig.
Verteile sie paarweise an die Tiere.

Antwort: Im Gehege befinden sich ___ Giraffen und ___ Strauße.

3 Auf einem Bauernhof befinden sich Hühner und Schweine. Insgesamt sind es 17 Tiere. Zusammen haben sie 50 Beine.

___ Köpfe → ___ · 2 Beine = ___ Beine

50 Beine – ___ Beine = ___ Beine

(:2) ↓

___ Vierbeiner (Schweine)

Antwort:
Auf dem Bauernhof befinden sich ___ Hühner und ___ Schweine.

4 In einem Wohnblock wohnen 8 Familien. Jede Familie besitzt entweder eine Katze oder einen Wellensittich. Zusammen haben alle Tiere 22 Beine.

Antwort:
In dem Wohnblock gibt es ___ Katzen und ___ Wellensittiche.

5 **Für Mathe-Super-Stars!**
Jasmin bestaunt in einem Terrarium die Schlangen und Schildkröten. Sie zählt insgesamt 14 Köpfe und 24 Beine.

Antwort:
Im Terrarium befinden sich ___ Schlangen und ___ Schildkröten.

Wo wohnt wer?

Schreibe den Namen der Bewohner auf den richtigen Balkon und male die Blumen in der richtigen Farbe an.

Tipp 1:
Text immer wieder durchlesen.

Tipp 2:
Was du sicher weißt, trägst du ein.

Tipp 3:
Genau aufpassen und kombinieren.

1) Familie Heinz wohnt direkt über Familie Walter.

2) Familie Sagmal hat gelbe Blumen am Balkon.

3) Die Blumen ganz unten sind rot.

4) Die orangefarbenen Blumen gehören Familie Heinz.

Trage die Namen der Katzen in die Kästchen ein.
Färbe Fell und Halsband richtig.

1) Die graue Katze heißt Mieze.

4) Die braune Katze hat ein blaues Halsband.

3) Die Katze, die du rechts siehst, trägt ein rotes Halsband.

2) Tinka ist nicht neben Mohrle.

5) Mohrle ist schwarz und die Katze neben ihr hat ein grünes Halsband.

Frau Meier verkauft auf dem Markt selbst gemachte Marmelade und Säfte.

Ist die Rechnung richtig oder falsch? Kreuze an ☒.
Rechne richtig. Begründe, was falsch ist.

(1) Tom kauft 4 Gläser Erdbeermarmelade. Wie viel kosten sie?

Rechnung:
$4 \cdot 3\ € = 12\ €$ ____________________

☐ stimmt ☐ falsch, weil ____________________

Antwort: 4 Gläser Erdbeermarmelade kosten ________.

(2) Frau Huber kauft 6 Gläser Pflaumenmus. Wie viel kosten sie?

Rechnung:
$6 \cdot 3\ € = 18\ €$ ____________________

☐ stimmt ☐ falsch, weil ____________________

Antwort: 6 Gläser Pflaumenmus kosten ________.

(3) Herr Kling kauft 5 Gläser Himbeermarmelade.
Wie viel kosten sie?

Rechnung:
5 € + 4 € = 9 € ____________________

☐ stimmt ☐ falsch, weil ____________________

Antwort: 5 Gläser Himbeermarmelade kosten ______.

(4) Zwei Mädchen kaufen 2 Flaschen Holundersaft.
Wie viel kosten sie?

Rechnung:
2,50 € + 2,50 €
= 5 € ____________________

☐ stimmt ☐ falsch, weil ____________________

Antwort: 2 Flaschen Holundersaft kosten ______.

(5) Tom kauft 1 Flasche Apfelsaft und 1 Flasche Birnensaft.
Wie viel kosten sie?

Rechnung:
50 ct + 1 €
= 51 € ____________________

☐ stimmt ☐ falsch, weil ____________________

Antwort: Die beiden Säfte kosten zusammen ______.

(6) Wie viel Geld hat Frau Meier insgesamt eingenommen?

Rechnung: ____________________

Antwort: Frau Meier hat insgesamt ______________ eingenommen.

Anja und ihr Vater starten um ________ ihre Wanderung zur ____________. Sie haben viel ____________ dabei, deshalb wiegt der Rucksack ____. Vom Parkplatz bis zum Rastplatz sind es ____. Dort kommen sie um ________ an und machen ______ Pause. Zur Hütte ist es dann noch einmal ____________. Weil bei der Hütte ein Spielplatz ist, dauert die ________ fast ________ ____________ wie die erste. Um ________ sind sie wieder zurück.

Ich lese zuerst den ganzen Text genau durch!

1 **Setze die Begriffe in den Text ein.**

- genauso weit
- 3 km
- Sonnenhütte
- doppelt so lange
- 10.10 Uhr
- 6 kg
- 8.30 Uhr
- Verpflegung
- 30 min
- 17.30 Uhr
- 2. Pause

2 **Bestimme Zeitspannen und Zeitpunkte.**

a) Wie viele Stunden und Minuten sind es bis zum Rastplatz?

Parkplatz 8.30 Uhr → + ___ h ___ min → Rastplatz 10.10 Uhr

Antwort: Zum Rastplatz sind es ______________________.

b) Wann ist die Pause zu Ende?

Beginn der Pause ______ Uhr → + ___ min → Ende der Pause ______ Uhr

Antwort: Die Pause ist um ______ Uhr zu Ende.

c) Wann kommen sie an der Hütte an?

Ende der Pause ______ Uhr → + ___ min → Ankunft auf der Hütte ______ Uhr

Antwort: Sie kommen um ______ Uhr an der Hütte an.

d) Wie viele Kilometer sind sie bis zur Hütte gewandert?

Parkplatz

Rastplatz

Hütte

______________________ ______________________

____

Antwort: Die Kinder sind ______ km bis zur Hütte gewandert.

15.50 Uhr:	Spinnen im Urwald	30	min
16.20 Uhr:	Der Reiter am Berg	___	min
16.55 Uhr:	Schlaumeierquiz	___	min
17.35 Uhr:	Bennis Abenteuer	___	min
18.10 Uhr:	Technik für Kinder	___	min
18.45 Uhr:	Die geheimnisvolle Burg	___	min
19.15 Uhr:	Nachrichten		

1 **Wie lange dauert jede Fernsehsendung? Trage die Minuten im Programm ein.**

2 **Beantworte die Fragen.**

	Welche Sendung läuft gerade zu dieser Uhrzeit?	Vor wie vielen Minuten hat diese Sendung begonnen?	Wie lange dauert sie noch?
	___	___	___
	___	___	___
	___	___	___
	___	___	___

(3) Es ist 16.30 Uhr. Wie lange dauert es noch, bis die Sendung „Technik für Kinder“ beginnt?
Antwort: Es dauert noch ________.

(4) Es ist 15.05 Uhr.
Lena ist gerade mit ihren Hausaufgaben fertig. Wie lange kann sie noch mit ihren Freunden spielen, wenn sie das Schlaumeierquiz sehen möchte?
Antwort:
Lena kann noch ________ spielen.

(5) Jan ist bei seinem Freund und muss spätestens um 17.30 Uhr zu Hause sein. Für den Heimweg braucht er 20 Minuten. Wie viele Minuten kann er sich mit seinem Freund das Schlaumeierquiz ansehen?
Antwort:
Jan kann das Quiz ________ ansehen.

(6) Eva und Max haben sich folgende Sendungen angesehen: Spinnen im Urwald, Technik für Kinder und Die geheimnisvolle Burg. Wie viel Zeit verbrachten sie mit Fernsehen?
Antwort: Sie verbrachten ________ mit Fernsehen.

(7) Ein Grundschulkind verbringt im Durchschnitt 100 Minuten täglich mit Fernsehen. Wie viele Stunden und Minuten sind das in einer Woche?
Antwort:
In einer Woche sind das ________.

(1) Auf dem Wochenmarkt werden folgende Früchte zum Stückpreis angeboten:

je 50 ct

je 3 €

Eulalia kauft insgesamt 8 Teile und bezahlt dafür genau 11,50 €. Wie viele Äpfel und Kürbisse hat sie gekauft?

1 Kürbis	____	€
7 Äpfel	____	€
8 Teile	____	€

2 Kürbisse	____	€
____ Äpfel	____	€
8 Teile	____	€

3 Kürbisse	____	€
____ Äpfel	____	€
8 Teile	____	€

Antwort: Eulalia kauft ____ Kürbisse und ____ Äpfel.

(2) Von seinem Geburtstagsgeld kauft sich Matthias CDs zum Stückpreis von 10 € und Bücher zum Stückpreis von 15 €. Er kauft 5 Teile und bezahlt genau 60 €.

____	____	____	€
____	____	____	€
____	Teile	____	€

____	____	____	€
____	____	____	€
____	Teile	____	€

____	____	____	€
____	____	____	€
____	Teile	____	€

Antwort: Matthias kauft ____ CDs und ____ Bücher.

1

	1	9	7			3		
3		6		2			8	4
	8	2		3	4	1		7
7	3	5			2	9	4	1
8	2	4	3	1		7	5	6
6	9	1	4	7		2	3	8
1			2	9	3			5
9	5		1	4	6	8	2	
2	6		5	8	7	4		9

2

	1			9	7	2	5	6
		2				4	3	1
5	6			1	2	9	7	8
		9	6	4	1	5		3
	8	5	7	3	9	6		
6		3	8	2	5		9	7
8	5	6		7		3		9
4	3	1	9		6		2	
9	2	7	1	5				4

Knobeldreiecke

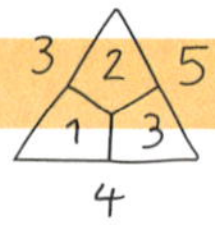

1

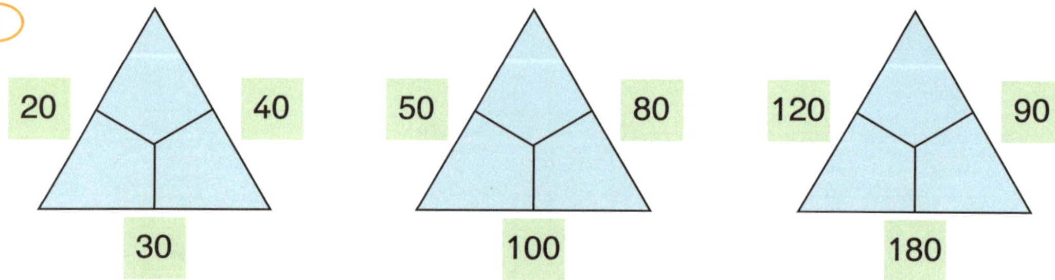

2

So kannst du die Innenzahlen berechnen:
- Zähle alle Außenzahlen zusammen.
- Teile das Ergebnis durch 2.
- Ziehe von dieser Zahl eine der Außenzahlen ab.

Das Ergebnis ist die Innenzahl, die dieser Außenzahl gegenüber liegt.

Löse zunächst durch Probieren.

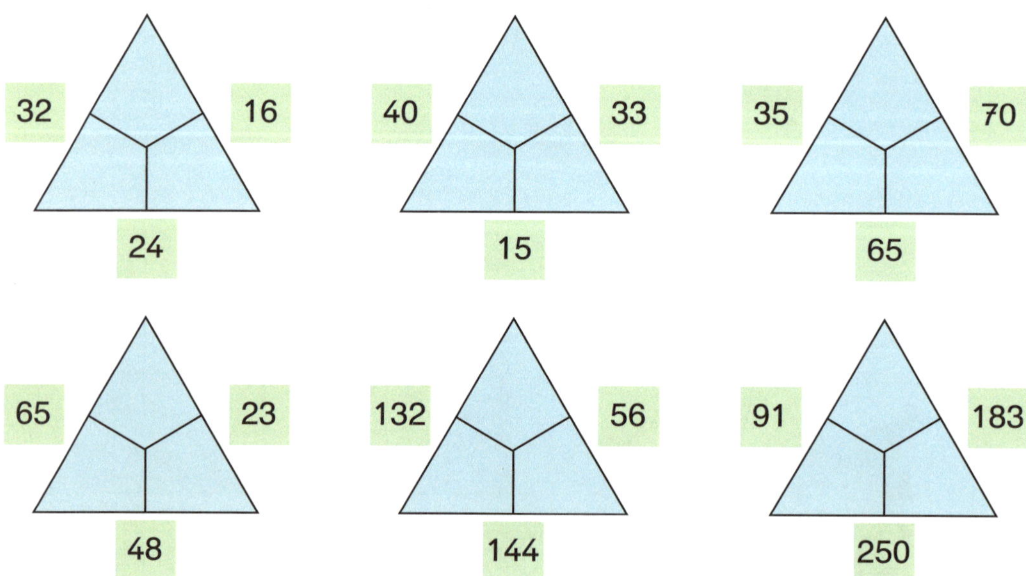

3 Trage die 6 Zahlen passend in die Dreiecke ein.

a) 5, 6, 10, 11, 15, 16

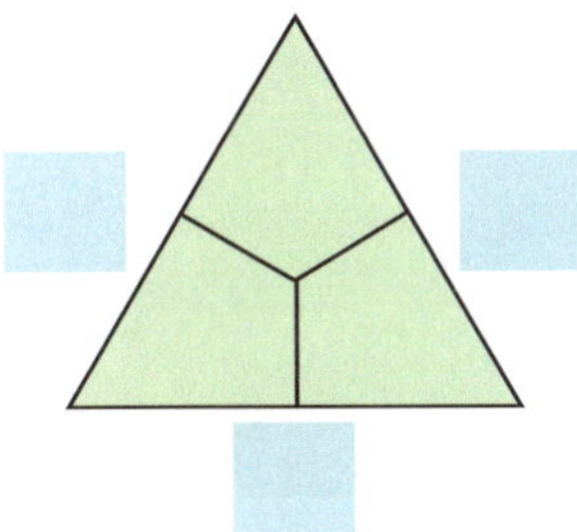

b) 20, 30, 40, 50, 60, 70

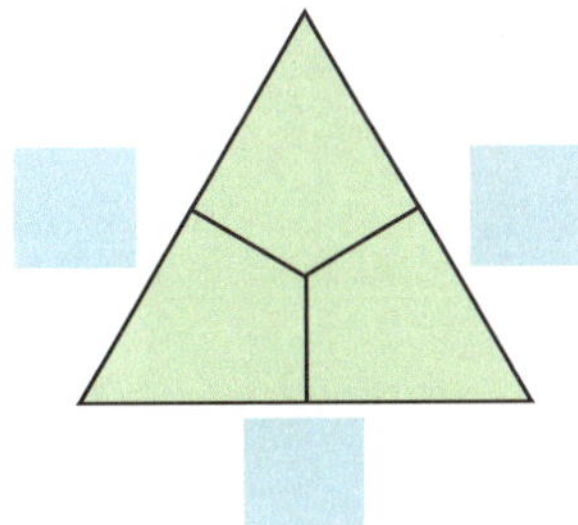

c) 25, 75, 100, 125, 150, 200

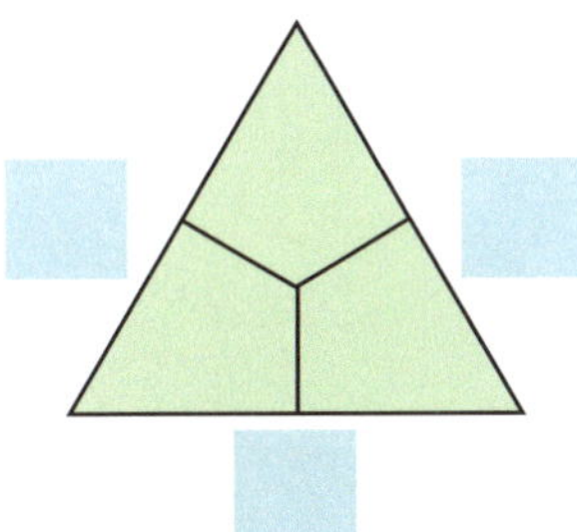

d) 12, 26, 30, 38, 42, 56

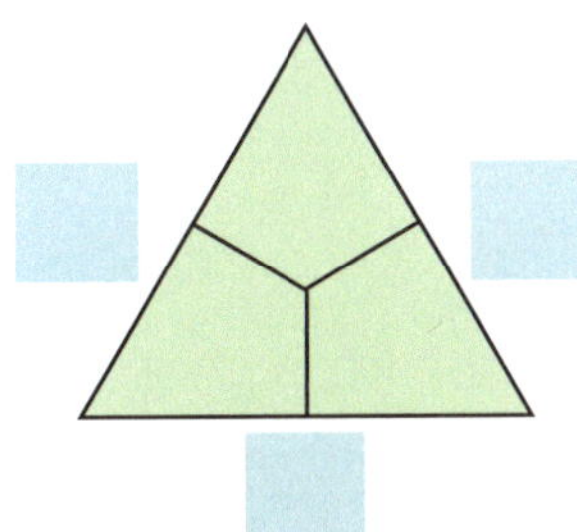

4 Wie heißt die fehlende größte Zahl? Trage ein und ergänze.

18, 20, 22, 38, 40, ____

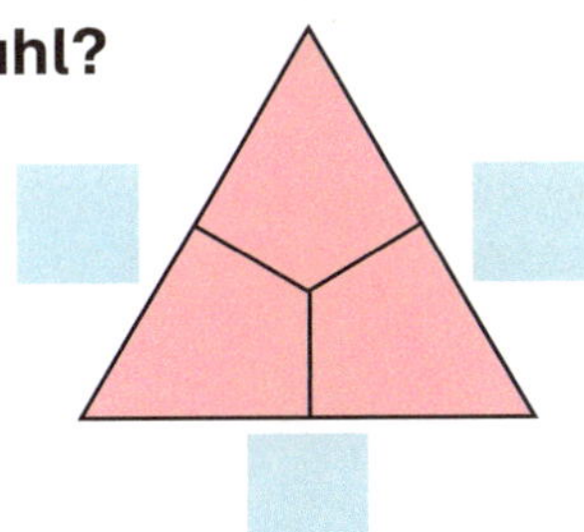

Welche Zahlen verstecken sich hinter den Buchstaben?

1

```
   ABC
+  FBC
 -----
  CCAB
```

```
   EEM
+  AEM
   C
 -----
  CMMM
```

```
   KAF
+  EGE
   CC
 -----
   NCB
```

```
   FSK
+  SAG
   C
 -----
  CGBN
```

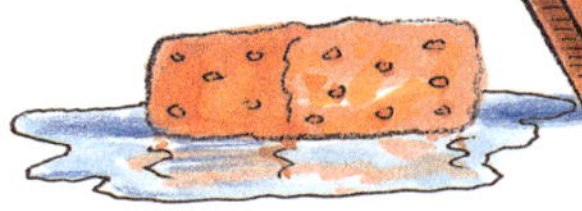

A = ___ B = ___ C = ___ E = ___ F = ___

G = ___ M = ___ K = ___ S = ___ N = ___

2

```
   CBA
+  CBA
   D
 -----
  DBAA
```

```
   EAD
+  EDF
   D
 -----
  DGGA
```

A = ___ B = ___ C = ___ D = ___

E = ___ F = ___ G = ___

Lösungen Mathe-Stars 3 Knobel und Sachaufgaben

(zum Heraustrennen die mittlere Klammer lösen)

Paul verkauft auf dem Flohmarkt einige Spielsachen. Für jedes Kuscheltier will er 3 €, für seine Autos will er je 1 € und für ein Buch verlangt er je 2 €.

(1) Lies dir den Text 3-mal langsam durch.

(2) Decke den Text jetzt ab.

(3) Kreuze an ☒, was stimmt.

- ☐ Paul will etwas kaufen.
- ☒ Ein Junge verkauft etwas.
- ☐ Das Mädchen ist auf dem Flohmarkt.
- ☒ Der Junge ist auf dem Flohmarkt.
- ☐ Paul verkauft Schulsachen.
- ☐ Er hat 3 Kuscheltiere.
- ☒ Paul verkauft Kuscheltiere, Autos und Bücher.

(4) Trage die Preise zu den Bildern ein.

1 €

3 €

2 €

(5) Paul überlegt: Wenn ich 3 Autos und 1 Buch verkaufen würde, hätte ich 5 €.

Nach 2 Stunden hat Paul bereits 2 Kuscheltiere, 5 Autos und einige Bücher verkauft. In seiner Kasse sind jetzt drei 5-€-Scheine und zwei 1-€-Münzen.

(6) Beantworte die Rechenfragen.

a) Wie viel Geld hat er jetzt insgesamt in der Kasse?

Rechnung: 3 · 5 € = 15 € 15 € + 2 € = 17 €

Antwort: Er hat 17 € in der Kasse.

b) Wie viel hat Paul für die zwei Tiere bekommen?

Rechnung: 2 · 3 € = 6 €

Antwort: Er hat 6 € für die Tiere bekommen.

c) Wie viel hat er für die fünf Autos bekommen?

Rechnung: 5 · 1 € = 5 €

Antwort: Er hat 5 € für die Autos bekommen.

d) Wie viel hat er für die Tiere und Autos bekommen?

Rechnung: 6 € + 5 € = 11 €

Antwort: Er hat 11 € für die Tiere und Autos bekommen.

e) Wie viel Geld hat er für die Bücher bekommen?

Rechnung: 17 € - 11 € = 6 €

Antwort: Er hat 6 € für die Bücher bekommen.

f) Wie viele Bücher hat er verkauft?

Rechnung: 6 € : 2 € = 3

Antwort: Er hat 3 Bücher verkauft.

(1) Der Kindergarten Sonne kauft 10 Bohnensäcke zu je 2 €, 8 Reifen zu je 7 € und 5 Handtrommeln. Frau Bauer bezahlt 111 €.

Bringe die Rechenfragen in eine sinnvolle Reihenfolge (a–e). Beantworte sie.

[b] Wie viel kosten die 8 Reifen?

Rechnung: 8 · 7 € = 56 €

Antwort: Die Reifen kosten 56 €.

[a] Wie viel kosten die 10 Bohnensäcke?

Rechnung: 10 · 2 € = 20 €

Antwort: Die Bohnensäcke kosten 20 €.

[e] Wie viel kostet 1 Handtrommel?

Rechnung: 35 € : 5 = 7 €

Antwort: Eine Handtrommel kostet 7 €.

[c] Wie viel kosten die Säckchen und Reifen zusammen?

Rechnung: 20 € + 56 € = 76 €

Antwort: Zusammen kosten sie 76 €.

[d] Wie viel kosten 5 Handtrommeln?

Rechnung: 111 € - 76 € = 35 €

Antwort: Die Handtrommeln kosten 35 €.

(2) Der Sportverein Köln braucht 10 Sprungseile zu je 3 € und 9 Gymnastikbälle. Trainer Frank bezahlt mit einem 100-€-Schein und bekommt 16 € zurück. Wie viel kostet ein Gymnastikball?

Sprungseile: 10 · 3 € = 30 €

Preis insgesamt: 100 € - 16 € = 84 €

Preis für 9 Bälle: 84 € - 30 € = 54 €

Preis für 1 Ball: 54 € : 9 = 6 €

Antwort: Ein Ball kostet 6 €.

(3) Der Schwimmverein Ulm kauft 3 Schwimmbretter zu je 11 € und 5 Taucherbrillen zu je 9 €. Wie viele Tauchringe zu je 3 € kann er noch kaufen, wenn Trainer Uli 100 € dabeihat?

Schwimmbretter: 3 · 11 € = 33 €

Taucherbrillen: 5 · 9 € = 45 €

Restgeld: 100 € - 45 € - 33 € = 22 €

Tauchringe: 22 € : 3 € = 7 R 1 €

Antwort: Uli kann 7 Tauchringe kaufen. 1 € bleibt übrig.

Welche Zahlen haben sich hier versteckt?

Mein Tipp: Schau dir alle Aufgaben genau an. Beginne mit der Rechnung, die du sicher lösen kannst ...

(1)

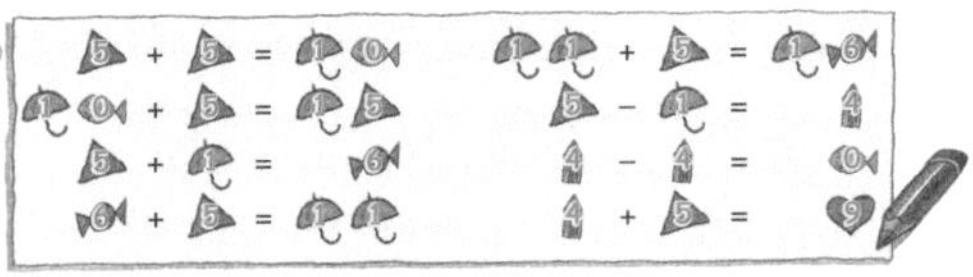

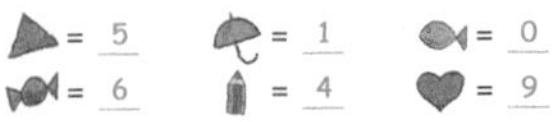

(2)

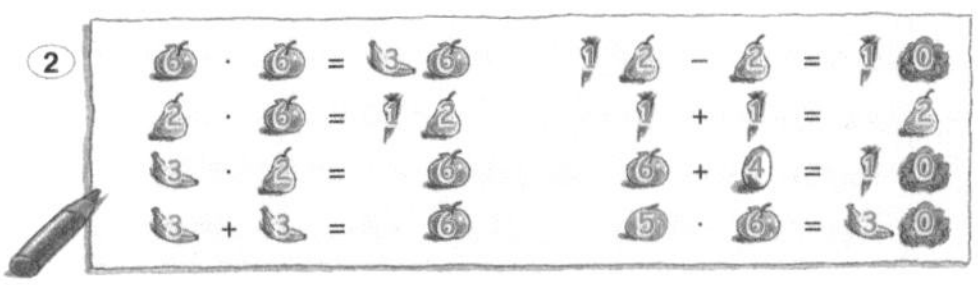

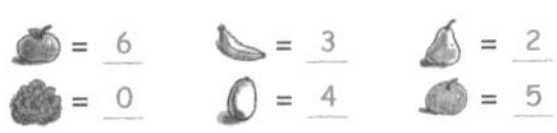

(3)

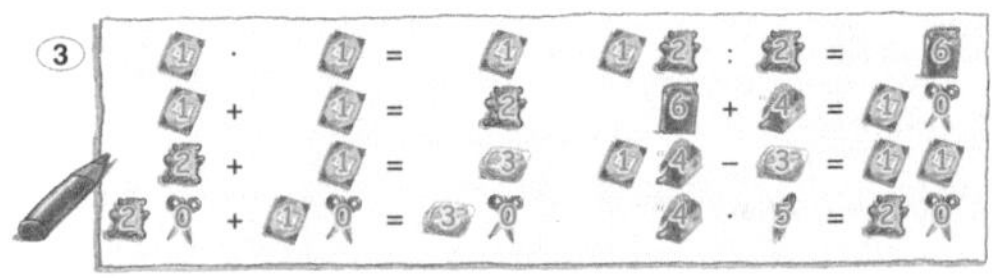

Für Mathe-Super-Stars!

(4)

Ein Sudoku ist ein japanisches Zahlenrätsel. Das Wort „Sudoku" ist japanisch und bedeutet: „Die Zahl, die allein steht."

So geht es: In jedem der neun Quadrate müssen alle Zahlen von 1 bis 9 einmal stehen. Dabei gilt aber, dass in jeder ganzen Zeile und in jeder Spalte jede Zahl von 1 bis 9 nur einmal erscheinen darf.

Arbeite mit dem Bleistift!

(1)

7	5	9	1	2	6	3	4	8
3	1	4	9	8	5	2	6	7
2	6	8	4	3	7	5	9	1
1	3	2	6	4	8	9	7	5
6	8	7	3	5	9	1	2	4
4	9	5	7	1	2	8	3	6
5	7	6	8	9	3	4	1	2
9	2	1	5	7	4	6	8	3
8	4	3	2	6	1	7	5	9

Mein Tipp: Suche die fehlenden Zahlen im Quadrat, schau dann, in welche Reihe und Spalte sie passen.

(2)

3	4	2	9	6	7	5	1	8
7	6	5	1	8	2	9	3	4
1	8	9	3	4	5	6	7	2
5	7	6	8	9	4	1	2	3
4	2	1	7	3	6	8	9	5
8	9	3	2	5	1	4	6	7
2	1	8	5	7	9	3	4	6
9	3	4	6	2	8	7	5	1
6	5	7	4	1	3	2	8	9

Für Mathe-Super-Stars!

(3)

6	9	1	2	4	3	8	7	5
8	2	7	5	6	1	3	4	9
5	4	3	9	7	8	2	1	6
2	6	8	3	9	7	4	5	1
9	3	4	8	1	5	7	6	2
1	7	5	4	2	6	9	8	3
3	8	9	1	5	4	6	2	7
7	5	2	6	8	9	1	3	4
4	1	6	7	3	2	5	9	8

Mit Tabellen zur Lösung

(1) Eine Eistüte mit zwei Kugeln kostet 1,50 €.
Wie viel kosten …

… 1 Eistüte?	1,50 €
… 2 Eistüten?	3,00 €
… 4 Eistüten?	6,00 €
… 8 Eistüten?	12,00 €
… 9 Eistüten?	13,50 €
… 10 Eistüten?	15,00 €
… 12 Eistüten?	18,00 €
… 1 Kugel?	0,75 €

(2) Simone bekommt jeden Monat 8,00 € Taschengeld, Martin 8,50 €.
Wie viel Taschengeld bekommt jedes Kind in …

	Simone	Martin
… 1 Monat?	8,00 €	8,50 €
… 2 Monaten?	16,00 €	17,00 €
… 4 Monaten?	32,00 €	34,00 €
… 8 Monaten?	64,00 €	68,00 €
… 3 Monaten?	24,00 €	25,50 €
… einem halben Jahr?	48,00 €	51,00 €
… einem ganzen Jahr?	96,00 €	102,00 €

(3) Familie Fischer wandert gerne.
In einer Stunde schafft sie eine Strecke von 4 Kilometern.
Welche Strecke schafft sie in …

1 Stunde?	4 km
einer halben ($\frac{1}{2}$) Stunde?	2 km
15 Minuten?	1 km
2 Stunden?	8 km
$2\frac{1}{2}$ Stunden?	10 km
3 Stunden?	12 km
6 Stunden?	24 km
4 Stunden?	16 km

(4) Robert sammelt Fußballbilder.
1 Päckchen mit 3 Bildern kostet 1,25 €. Robert überlegt:
„Wie viele Päckchen würde ich wohl für 40 € bekommen?"

1 Päckchen	1,25 €
2 Päckchen	2,50 €
4 Päckchen	5,00 €
·8	·8
32 Päckchen	40,00 €

Mit Skizzen zur Lösung

Trage fehlende Angaben in die Skizzen ein.
Rechne aus.

(1) Max und seine Familie sind in den Ferien auf dem Donauradweg von Regensburg nach Deggendorf geradelt. Die gesamte Strecke ist 100 km lang. Am 1. Tag schafften sie 38 km und am 2. Tag 45 km.

a) Wie viele Kilometer mussten sie am 3. Tag noch radeln?
b) Wie oft mussten sie zwischen Regensburg und Deggendorf übernachten?

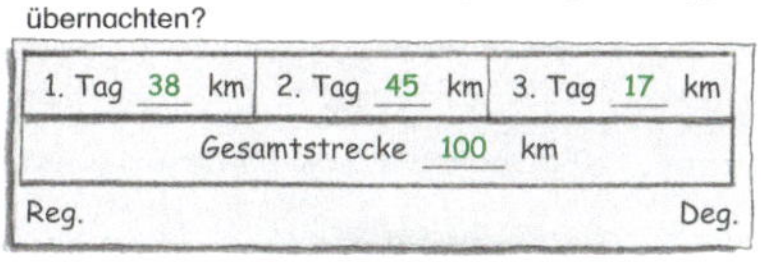

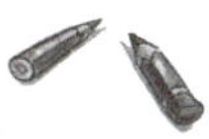

Antwort: Am 3.Tag mussten sie 17 km radeln.

Sie mussten 2-mal übernachten.

(2) Sarah und Lena machen eine Radtour zur Sommerrodelbahn. Sie radeln um 9.30 Uhr los. Nach einer Stunde und 45 Minuten machen sie eine 20 Minuten lange Pause. Um 12.15 Uhr kommen sie an der Rodelbahn an.
Wie lange brauchten sie für die Strecke nach der Pause?

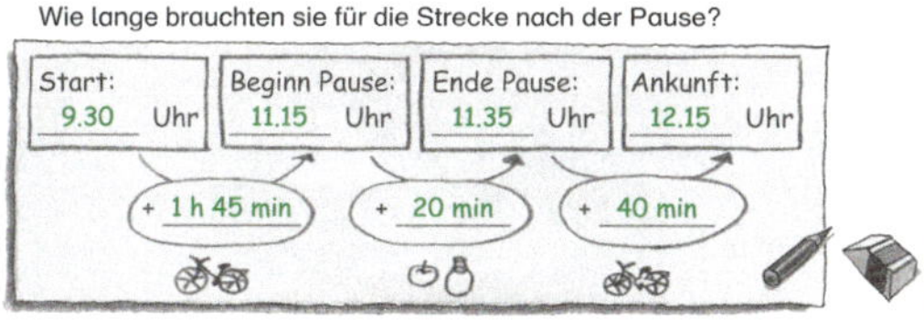

Antwort: Sie brauchten 40 min für die Strecke nach der Pause.

(3) Familie Moser hat 3 Kinder. Susi ist 1 m 12 cm groß. Wenn sie sich auf einen 45 cm hohen Hocker stellt, ist sie so groß wie ihre Schwester Anna. Tom muss sich schon auf den Tisch mit 65 cm Höhe stellen, um so groß wie Anna zu sein.
Wie groß sind Anna und Tom?

Antwort: Tom ist 92 cm groß.

Anna ist 1 m 57 cm groß.

(4) Anika bekommt ein neues Bücherregal. Die Bretter für die Regalböden sind alle 80 cm lang. Das Regal soll 3,20 m breit werden und 4 Regalböden übereinander haben.
Wie viele Seitenteile (blau) und Regalböden (rot) muss Anikas Vater kaufen?

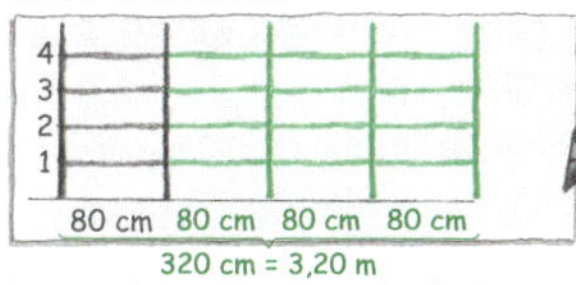

Antwort: Anikas Vater braucht 5 Seitenteile
und 16 Regalböden.

Mit Skizzen zur Lösung

Zeichne und rechne aus.

(1) Sven fährt jeden Tag mit dem Rad zur Schule. Der Weg ist 2 km lang. Nach der Schule radelt er immer 3 km bis zu seiner Oma. Erst am Abend fährt er mit dem Rad heim. Das sind dann noch einmal 2 km.
Wie viele Kilometer legt Sven von Montag bis Freitag zurück?

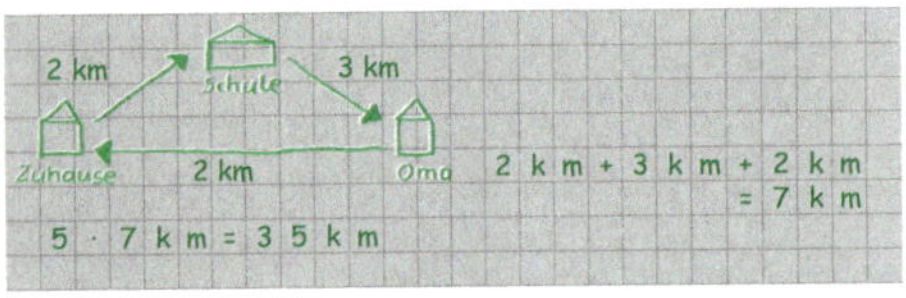

Antwort: Sven legt von Montag bis Freitag 35 km zurück.

(2) Opa baut einen neuen Zaun um seinen Gemüsegarten.
Der Garten ist 9 m breit und 12 m lang.
Wie viele Meter Zaun braucht Opa?

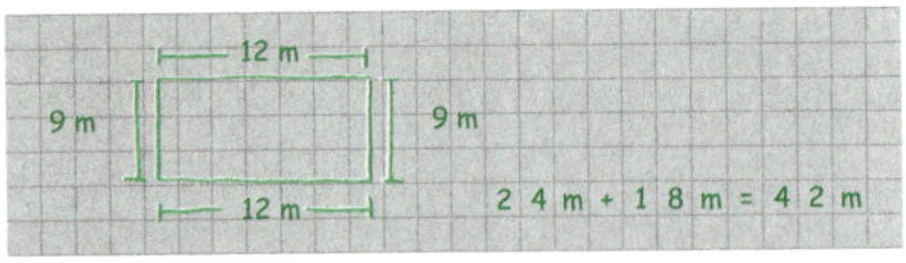

Antwort: Opa braucht 42 m Zaun.

(3) Laura hat Fensterdrachen gebastelt. Sie will jeden Drachen mit einer Schleife verzieren. Dafür hat sie ein Band von 2,50 m Länge. Für jede Schleife braucht sie 50 cm.

a) Für wie viele Drachen reicht das Band?

b) Wie oft muss Laura das Band mit der Schere durchschneiden?

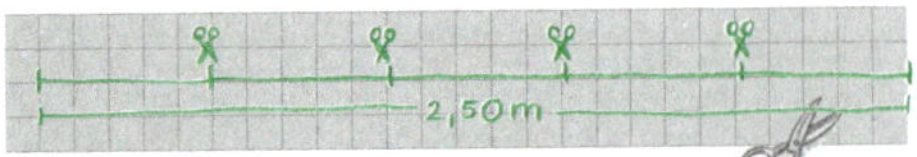

Antwort: Das Band reicht für 5 Drachen.
Laura muss das Band 4-mal durchschneiden.

(4) Die Klasse 3a plant einen Wandertag in das 6 km entfernte Mühlbach, um dort den Spielplatz und die Eisdiele zu besuchen. Für einen Kilometer brauchen sie zu Fuß 15 Minuten. Für den Spielplatz und die Eisdiele planen sie insgesamt 1 Stunde Zeit ein.
Um wie viel Uhr sind sie wieder zurück an der Schule, wenn sie um 8.15 Uhr ihre Wanderung beginnen?

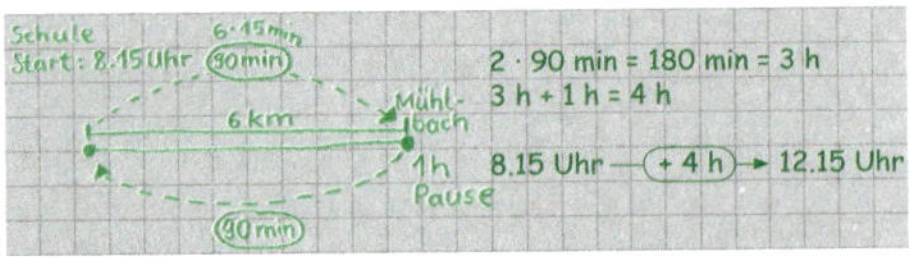

Antwort: Sie sind um 12.15 Uhr wieder zurück an der Schule.

Zahlenknobeleien

(1) **Welche Zahl passt nicht zu den anderen? Streiche durch und begründe.**

a) 12 18 26 ~~35~~ 42 50
35 ist ungerade.

b) 15 ~~17~~ 40 25 45 10
17 ist nicht durch 5 teilbar.

c) 37 25 44 98 ~~8~~ 51
8 ist eine einstellige Zahl.

d) 81 16 25 ~~32~~ 36 49
32 ist keine Quadratzahl.

(2) **Setze ⊕ und ⊖ Zeichen so zwischen die Zahlen, dass das Ergebnis Null ist.**

a) 14 (+) 37 (−) 26 (−) 25 = 0
b) 37 (−) 26 (+) 14 (−) 25 = 0
c) 25 (+) 26 (−) 14 (−) 37 = 0
d) 26 (−) 14 (+) 25 (−) 37 = 0

(3) 1 9 15 14 18 21 26 37 42

a) Suche die drei Zahlen, die zusammen 100 ergeben.
21 + 37 + 42 = 100

b) Wähle die vier Zahlen aus, die zusammen ebenfalls 100 ergeben.
14 + 26 + 18 + 42 = 100

c) Schreibe nun die sechs Zahlen auf, die zusammen wieder 100 ergeben.
18 + 37 + 21 + 14 + 1 + 9 = 100

d) Auch fünf dieser Zahlen ergeben zusammen 100.
26 + 37 + 21 + 1 + 15 = 100

Zahl gesucht!

(1) Jana denkt sich eine Zahl.
Wenn sie von dieser Zahl 25 abzieht, erhält sie das Doppelte von 18. Wie heißt Janas Zahl?

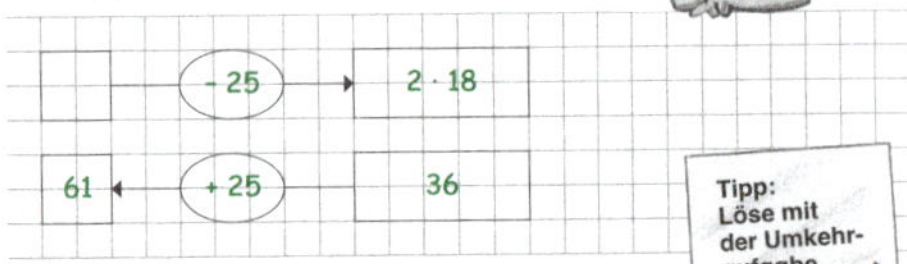

Tipp: Löse mit der Umkehraufgabe.

Antwort: Die gesuchte Zahl heißt 61.

(2) Wenn man von einer gesuchten Zahl 23 abzieht, erhält man genau das Dreifache von 14. Wie heißt diese Zahl?

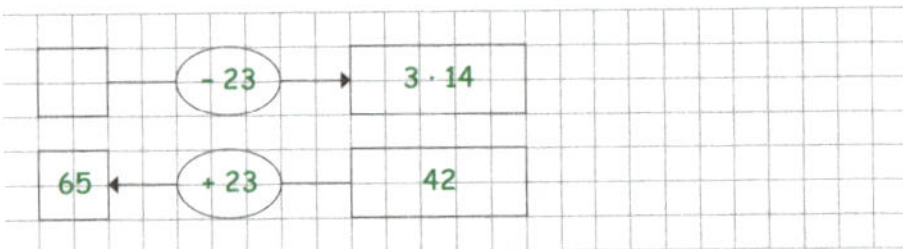

Antwort: Die gesuchte Zahl heißt 65.

(3) Zählt man zu einer Zahl 14 dazu und teilt das Ergebnis durch 2, so erhält man 15.

Für Mathe-Super-Stars!

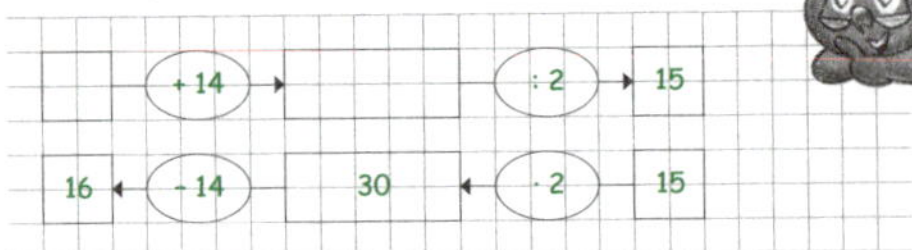

Antwort: Die gesuchte Zahl heißt 16.

1) Bei einem Zoobesuch zählt Michael die Köpfe und Beine der Eisbären und Pinguine. Er zählt insgesamt 6 Köpfe und 16 Beine. Wie viele Eisbären und Pinguine befinden sich im Gehege?

Tipp: Verteile zunächst an jeden Kopf (Körper) 2 Beine.

Nun bleiben noch 4 Beine übrig, die paarweise an die Tiere verteilt werden.

Antwort:
Im Gehege befinden sich 4 Pinguine und 2 Eisbären.

Löse durch Verteilen oder durch Rechnen.

2) In einem anderen Gehege befinden sich Giraffen und Strauße. Nicole zählt 7 Köpfe und 20 Beine.

7 Köpfe → 7 · 2 Beine = 14 Beine

20 Beine − 14 Beine = 6 Beine

:2

3 Beine

Nun bleiben noch 6 Beine übrig. Verteile sie paarweise an die Tiere.

Antwort: Im Gehege befinden sich 3 Giraffen und 4 Strauße.

3) Auf einem Bauernhof befinden sich Hühner und Schweine. Insgesamt sind es 17 Tiere. Zusammen haben sie 50 Beine.

17 Köpfe → 17 · 2 Beine = 34 Beine

50 Beine − 34 Beine = 16 Beine

:2

8 Vierbeiner (Schweine)

Antwort:
Auf dem Bauernhof befinden sich 9 Hühner und 8 Schweine.

4) In einem Wohnblock wohnen 8 Familien. Jede Familie besitzt entweder eine Katze oder einen Wellensittich. Zusammen haben alle Tiere 22 Beine.

8 Köpfe → 8 · 2 Beine = 16 Beine

22 Beine − 16 Beine = 6 Beine

:2

3 Vierbeiner (Katzen)

Antwort:
In dem Wohnblock gibt es 3 Katzen und 5 Wellensittiche.

5) **Für Mathe-Super-Stars!**
Jasmin bestaunt in einem Terrarium die Schlangen und Schildkröten. Sie zählt insgesamt 14 Köpfe und 24 Beine.

24 Beine —(:4)→ 6 Vierbeiner (Schildkröten)

Antwort:
Im Terrarium befinden sich 8 Schlangen und 6 Schildkröten.

Schreibe den Namen der Bewohner auf den richtigen Balkon und male die Blumen in der richtigen Farbe an.

Tipp 1: Text immer wieder durchlesen.
Tipp 2: Was du sicher weißt, trägst du ein.
Tipp 3: Genau aufpassen und kombinieren.

1) Familie Heinz wohnt direkt über Familie Walter.

2) Familie Sagmal hat gelbe Blumen am Balkon.

3) Die Blumen ganz unten sind rot.

4) Die orangefarbenen Blumen gehören Familie Heinz.

Trage die Namen der Katzen in die Kästchen ein. Färbe Fell und Halsband richtig.

Tipp: Wenn sie nicht nebeneinander sitzen, dann kann keine von beiden in der Mitte sein.

1) Die graue Katze heißt Mieze.

2) Tinka ist nicht neben Mohrle.

3) Die Katze, die du rechts siehst, trägt ein rotes Halsband.

4) Die braune Katze hat ein blaues Halsband.

5) Mohrle ist schwarz und die Katze neben ihr hat ein grünes Halsband.

Frau Meier verkauft auf dem Markt selbst gemachte Marmelade und Säfte.

Ist die Rechnung richtig oder falsch? Kreuze an X. Rechne richtig. Begründe, was falsch ist.

1. Tom kauft 4 Gläser Erdbeermarmelade. Wie viel kosten sie?

Rechnung: 4 · 3 € = 12 €

X stimmt ☐ falsch, weil

Antwort: 4 Gläser Erdbeermarmelade kosten 12 €.

2. Frau Huber kauft 6 Gläser Pflaumenmus. Wie viel kosten sie?

Rechnung: 6 · 3 € = 18 € — 6 · 2 € = 12 €

☐ stimmt X falsch, weil Pflaumenmus 2 € kostet

Antwort: 6 Gläser Pflaumenmus kosten 12 €.

3. Herr Kling kauft 5 Gläser Himbeermarmelade. Wie viel kosten sie?

Rechnung: 5 € + 4 € = 9 € — 5 · 4 € = 20 €

☐ stimmt X falsch, weil 5 mal 4 gerechnet werden muss

Antwort: 5 Gläser Himbeermarmelade kosten 20 €.

4. Zwei Mädchen kaufen 2 Flaschen Holundersaft. Wie viel kosten sie?

Rechnung: 2,50 € + 2,50 € = 5 €

X stimmt ☐ falsch, weil

Antwort: 2 Flaschen Holundersaft kosten 5 €.

5. Tom kauft 1 Flasche Apfelsaft und 1 Flasche Birnensaft. Wie viel kosten sie?

Rechnung: 50 ct + 1 € = 51 € — 50 ct + 1 € = 1,50 €

☐ stimmt X falsch, weil es 50 ct plus 1 € ist statt 50 € plus 1 €.

Antwort: Die beiden Säfte kosten zusammen 1,50 €.

6. Wie viel Geld hat Frau Meier insgesamt eingenommen?

Rechnung: 12 € + 12 € + 20 € + 5 € + 1,50 € = 50,50 €

Antwort: Frau Meier hat insgesamt 50,50 € eingenommen.

Anja und ihr Vater starten um 8.30 Uhr ihre Wanderung zur Sonnenhütte. Sie haben viel Verpflegung dabei, deshalb wiegt der Rucksack 6 kg. Vom Parkplatz bis zum Rastplatz sind es 3 km. Dort kommen sie um 10.10 Uhr an und machen 30 min Pause. Zur Hütte ist es dann noch einmal genauso weit. Weil bei der Hütte ein Spielplatz ist, dauert die 2. Pause fast doppelt so lange wie die erste. Um 17.30 Uhr sind sie wieder zurück.

Ich lese zuerst den ganzen Text genau durch!

1. **Setze die Begriffe in den Text ein.**

genauso weit · 3 km · Sonnenhütte · doppelt so lange · 6 kg · 10.10 Uhr · 8.30 Uhr · Verpflegung · 30 min · 17.30 Uhr · 2. Pause

2. **Bestimme Zeitspannen und Zeitpunkte.**

a) Wie viele Stunden und Minuten sind es bis zum Rastplatz?

Parkplatz 8.30 Uhr → + 1 h 40 min → Rastplatz 10.10 Uhr

Antwort: Zum Rastplatz sind es 1 Stunde und 40 Minuten.

b) Wann ist die Pause zu Ende?

Beginn der Pause 10.10 Uhr → + 30 min → Ende der Pause 10.40 Uhr

Antwort: Die Pause ist um 10.40 Uhr zu Ende.

c) Wann kommen sie an der Hütte an?

Ende der Pause 10.40 Uhr → + 100 min (= 1 h 40 min) → Ankunft auf der Hütte 12.20 Uhr

Antwort: Sie kommen um 12.20 Uhr an der Hütte an.

d) Wie viele Kilometer sind sie bis zur Hütte gewandert?

Parkplatz — Rastplatz — Hütte

3 km — 3 km

3 km + 3 km = 6 km

Antwort: Die Kinder sind 6 km bis zur Hütte gewandert.

Fernsehprogramm

15.50 Uhr:	Spinnen im Urwald	30 min
16.20 Uhr:	Der Reiter am Berg	35 min
16.55 Uhr:	Schlaumeierquiz	40 min
17.35 Uhr:	Bennis Abenteuer	35 min
18.10 Uhr:	Technik für Kinder	35 min
18.45 Uhr:	Die geheimnisvolle Burg	30 min
19.15 Uhr:	Nachrichten	

1 **Wie lange dauert jede Fernsehsendung? Trage die Minuten im Programm ein.**

2 **Beantworte die Fragen.**

	Welche Sendung läuft gerade zu dieser Uhrzeit?	Vor wie vielen Minuten hat diese Sendung begonnen?	Wie lange dauert sie noch?
	Schlaumeierquiz	15 min	25 min
	Spinnen im Urwald	8 min	22 min
	Technik für Kinder	29 min	6 min
	Bennis Abenteuer	11 min	24 min

3 Es ist 16.30 Uhr. Wie lange dauert es noch, bis die Sendung „Technik für Kinder" beginnt?
Antwort: Es dauert noch 1 h 40 min.

(3) 16.30 Uhr → + 1 h 40 min → 18.10 Uhr

4 Es ist 15.05 Uhr.
Lena ist gerade mit ihren Hausaufgaben fertig. Wie lange kann sie noch mit ihren Freunden spielen, wenn sie das Schlaumeierquiz sehen möchte?
Antwort:
Lena kann noch 1 h 50 min spielen.

(4) 15.05 Uhr → + 1 h 50 min → 16.55 Uhr

5 Jan ist bei seinem Freund und muss spätestens um 17.30 Uhr zu Hause sein. Für den Heimweg braucht er 20 Minuten. Wie viele Minuten kann er sich mit seinem Freund das Schlaumeierquiz ansehen?
Antwort:
Jan kann das Quiz 15 min ansehen.

(5) 17.30 Uhr → - 20 min → 17.10 Uhr
16.55 Uhr → + 15 min → 17.10 Uhr

6 Eva und Max haben sich folgende Sendungen angesehen: Spinnen im Urwald, Technik für Kinder und Die geheimnisvolle Burg. Wie viel Zeit verbrachten sie mit Fernsehen?
Antwort: Sie verbrachten 1 h 35 min mit Fernsehen.

(6) 30 min
\+ 35 min
\+ 30 min
95 min
= 1 h 35 min

7 Ein Grundschulkind verbringt im Durchschnitt 100 Minuten täglich mit Fernsehen. Wie viele Stunden und Minuten sind das in einer Woche?
Antwort:
In einer Woche sind das 11 h 40 min.

(7) 100 min · 7 = 700 min
700 min : 60 = 11 h 40 min

Lösen und probieren

1 Auf dem Wochenmarkt werden folgende Früchte zum Stückpreis angeboten:

je 50 ct

je 3 €

Eulalia kauft insgesamt 8 Teile und bezahlt dafür genau 11,50 €.
Wie viele Äpfel und Kürbisse hat sie gekauft?

1 Kürbis	3 €
7 Äpfel	3,50 €
8 Teile	6,50 €

2 Kürbisse	6 €
6 Äpfel	3 €
8 Teile	9 €

3 Kürbisse	9 €
5 Äpfel	2,50 €
8 Teile	11,50 €

Antwort: Eulalia kauft 3 Kürbisse und 5 Äpfel.

2 Von seinem Geburtstagsgeld kauft sich Matthias CDs zum Stückpreis von 10 € und Bücher zum Stückpreis von 15 €. Er kauft 5 Teile und bezahlt genau 60 €.

1 CD	10 €
4 Bücher	60 €
5 Teile	70 €

2 CDs	20 €
3 Bücher	45 €
5 Teile	65 €

3 CDs	30 €
2 Bücher	30 €
5 Teile	60 €

Antwort: Matthias kauft 3 CDs und 2 Bücher.

Sudokus (2)

1

4	1	9	7	5	8	3	6	2
3	7	6	9	2	1	5	8	4
5	8	2	6	3	4	1	9	7
7	3	5	8	6	2	9	4	1
8	2	4	3	1	9	7	5	6
6	9	1	4	7	5	2	3	8
1	4	8	2	9	3	6	7	5
9	5	7	1	4	6	8	2	3
2	6	3	5	8	7	4	1	9

Für Mathe-Super-Stars!

2

3	1	8	4	9	7	2	5	6
7	9	2	5	6	8	4	3	1
5	6	4	3	1	2	9	7	8
2	7	9	6	4	1	5	8	3
1	8	5	7	3	9	6	4	2
6	4	3	8	2	5	1	9	7
8	5	6	2	7	4	3	1	9
4	3	1	9	8	6	7	2	5
9	2	7	1	5	3	8	6	4

Knobeldreiecke

①

Dreieck	Innen oben	Innen links	Innen rechts	Außen links	Außen rechts	Außen unten
1	15	5	25	20	40	30
2	15	35	65	50	80	100
3	15	105	75	120	90	180

② **So kannst du die Innenzahlen berechnen:**
- Zähle alle Außenzahlen zusammen.
- Teile das Ergebnis durch 2.
- Ziehe von dieser Zahl eine der Außenzahlen ab.

Das Ergebnis ist die Innenzahl, die dieser Außenzahl gegenüber liegt.

Dreieck	Innen oben	Innen links	Innen rechts	Außen links	Außen rechts	Außen unten
1	12	20	4	32	16	24
2	29	11	4	40	33	15
3	20	15	50	35	70	65
4	20	45	3	65	23	48
5	22	110	34	132	56	144
6	12	79	171	91	183	250

③ **Trage die 6 Zahlen passend in die Dreiecke ein.**

a) 5, 6, 10, 11, 15, 16
b) 20, 30, 40, 50, 60, 70
c) 25, 75, 100, 125, 150, 200
d) 12, 26, 30, 38, 42, 56

Dreieck	Innen oben	Innen links	Innen rechts	Außen links	Außen rechts	Außen unten
a)	5	10	6	15	11	16
b)	20	30	40	50	60	70
c)	25	75	125	100	150	200
d)	12	30	26	42	38	56

④ **Wie heißt die fehlende größte Zahl? Trage ein und ergänze.**

18, 20, 22, 38, 40, 42

Innen oben	Innen links	Innen rechts	Außen links	Außen rechts	Außen unten
18	20	22	38	40	42

Versteckte Zahlen

Welche Zahlen verstecken sich hinter den Buchstaben?

①

ABC + FBC = CCAB	421 + 721 = 1142
EEM + AEM (Übertrag C) = CMMM	550 + 450 (Übertrag 1) = 1000
KAF + EGE (Übertrag CC) = NCB	347 + 565 (Übertrag 11) = 912
FSK + SAG (Übertrag C) = CGBN	783 + 846 (Übertrag 1) = 1629

A = 4, B = 2, C = 1, E = 5, F = 7
G = 6, M = 0, K = 3, S = 8, N = 9

②

CBA + CBA (Übertrag D) = DBAA	750 + 750 (Übertrag 1) = 1500
EAD + EDF (Übertrag D) = DGGA	601 + 619 (Übertrag 1) = 1220

A = 0, B = 5, C = 7, D = 1
E = 6, F = 9, G = 2

③ **Erkennst du die Zahlen?**

Eule =	1
Falter =	0
Katze =	2
Maus =	4
Schnecke =	5
Hase =	3
Ente =	6

40 − 5 = 35
50 · 4 = 200
10 + 10 = 20
160 : 4 = 40
4 · 30 = 120
2 · 20 = 40
40 : 4 = 10
10 · 10 = 100
3 · 15 = 45
20 + 1 = 21

Ordnen nach Größe und Länge

(1) Klaus ist größer als Tim, aber kleiner als Anja.
Jana ist kleiner als Tim.
Andi ist größer als Anja.

Ordne die Kinder nach ihrer Größe.
Beginne mit dem größten Kind.

Klaus ist größer als Tim, aber kleiner als Anja.

Jana ist kleiner als Tim.

Andi ist größer als Anja.

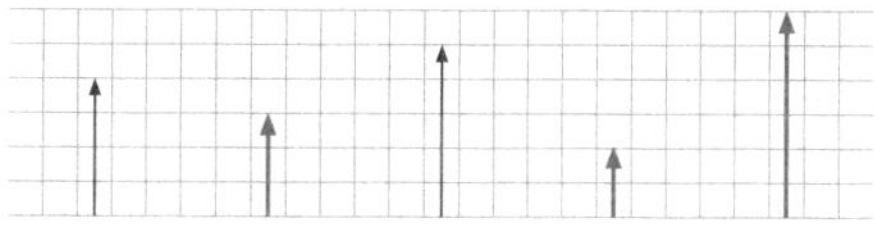

Andi - Anja - Klaus - Tim - Jana

(2) Fünf Kinder vergleichen ihre Schuhgrößen.
Petras Schuhe sind größer als Freds, aber kleiner als die von Ebru. Frank hat die größten Schuhe.
Bens Schuhe sind größer als die von Ebru.

Ordne und beginne mit dem Kind mit den kleinsten Schuhen.

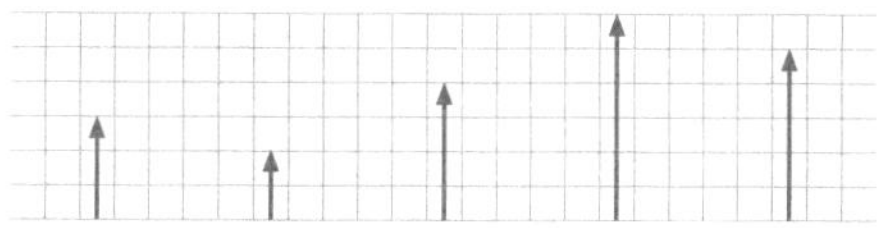

Fred - Petra - Ebru - Ben - Frank

(3) Der Fernsehturm von München ist höher als der Turm in Hamburg, aber niedriger als der in Berlin. Der Turm in Köln ist höher als der in Stuttgart, aber niedriger als der in Hamburg.

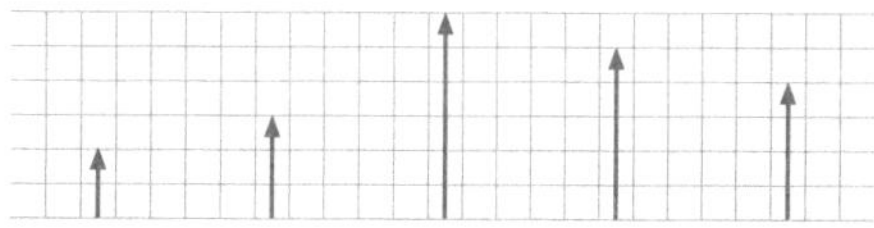

Trage nun die richtigen Städtenamen (Abkürzungen) bei den Türmen ein.

368 m	291 m	280 m	266 m	217 m
B	M	HH	K	S

Wie viele sind es genau? (2)

(1) In einem Zoogehege befinden sich Zebras und Giraffen.
Es sind 4 Zebras mehr als Giraffen. Insgesamt sind es 16 Tiere.

Tipp: Ziehe die 4 Zebras von der Gesamtzahl ab, dann sind von es von jeder Art gleich viele.

16 Giraffen und Zebras
12 Giraffen und Zebras | 4 Zebras
6 Giraffen | 6 Zebras | 4 Zebras

Antwort: Im Zoogehege befinden sich 6 Giraffen und 10 Zebras.

(2) In der Klasse 3b sind insgesamt 27 Schüler.
Es sind 3 Jungen mehr als Mädchen.
Wie viele Jungen und Mädchen hat die Klasse?

27 Mädchen und Jungen
24 Mädchen und Jungen | 3 Jungen
12 Mädchen | 12 Jungen | 3 Jungen

Antwort: In der Klasse 3b sind 12 Mädchen und 15 Jungen.

(3) Auf einem Parkplatz stehen Autos und Motorräder.
Es sind 14 Motorräder weniger als Autos.
Es parken 52 Fahrzeuge.

52 Autos und Motorräder
38 Motorräder und Autos | 14 Autos
19 Motorräder | 19 Autos | 14 Autos

Antwort:
Auf dem Parkplatz stehen 19 Motorräder und 33 Autos.

Wem gehört welche Blume?

Male die Blumen in der richtigen Farbe an.
Ergänze die Blätter in der richtigen Anzahl.
Trage den Namen auf dem richtigen Topf ein.

1) In der Mitte stehen die Blumen von Sabine und Andrea.

2) Mariannes Blume hat eine rote Blüte und 4 Blätter.

3) Erikas Blume steht rechts und ist nicht weiß.

5) Andreas Blume blüht gelb und hat nur ein Blatt.

4) Die weiße Blume hat drei Blätter und steht neben Mariannes Blume.

6) Die orangefarbene Blume hat 2 Blätter.

Wer fährt welchen Traktor?

Male die Traktoren und die Räder in der richtigen Farbe an.
Ergänze die Namen ihrer Besitzer.

blauer Traktor, rote Räder: Herr Springer

grüner Traktor, gelbe Räder: Herr Wenzel

roter Traktor, schwarze Räder: Herr Gieger

1) Hinter Herrn Wenzel fährt ein roter Traktor.

2) Vor dem Traktor mit den gelben Rädern fährt der blaue Traktor.

3) Herr Springer fährt als Erster. Sein Traktor hat keine gelben Räder.

4) Herr Giegers Traktor hat schwarze Räder.

5) Die roten Räder sind nicht am grünen Traktor.

Wem gehört welches Auto?

Für Mathe-Super-Stars!

Male die Autos und ihre Dächer in der richtigen Farbe an.
Ergänze die Kennzeichen und die Namen ihrer Besitzer.

Herr Karg | Frau Männel | Herr Mayer

1) Das blaue Auto steht nicht neben dem roten.

2) Das Auto mit dem schwarzen Dach hat das Nummernschild KE – KE 17.

3) Das rote Auto siehst du links neben dem grünen.

4) Herrn Mayers Auto hat ein silbernes Dach und trägt das Nummernschild M – AX 3.

5) Frau Männels Auto hat ein weißes Dach und steht in der Mitte.

6) Das Auto mit dem Nummernschild OA – SE 4 siehst du rechts von Herrn Kargs Wagen.

Wie viele …?

Berechne zuerst die Gesamtzahl der Tiere vor dem Verkauf der Lämmer.

1. Ein Schäfer zählt seine Schafe und Lämmer. Es sind gleich viele Schafe und Lämmer. Nachdem er 10 Lämmer verkauft hat, besitzt er noch 38 Tiere. Wie viele Lämmer hat er noch?

38 Schafe und Lämmer + 10 Lämmer
48 Schafe und Lämmer
24 Schafe | 24 Lämmer
14 Lämmer | 10 Lämmer

Antwort: Der Schäfer besitzt nach dem Verkauf der Lämmer noch 14 Lämmer.

2. Zum Schulfest der Grundschule in Lernhausen kamen gleich viele Erwachsene (E) wie Kinder (K). Nachdem 60 Erwachsene gegangen waren, waren noch 140 Personen anwesend.
Wie viele Erwachsene waren am Ende des Schulfestes anwesend?

140 K und E | 60 E
200 K und E
100 K | 100 E
40 E | 60 E

Antwort:
Am Ende des Schulfestes waren 40 Erwachsene anwesend.

3. Zum Elternabend der Klasse 3a kamen 34 Mütter (M) und Väter (V). Es waren 6 Väter weniger als Mütter. Wie viele Mütter kamen zum Elternabend?

Tipp: Zähle zu den 34 Müttern und Vätern noch 6 Väter dazu, dann wären es gleich viele Väter und Mütter.

34 Mütter und Väter | 6 Väter
40 Mütter und Väter
20 Mütter | 20 Väter
14 Väter | 6 Väter

Antwort:
Zum Elternabend kamen 20 Mütter und 14 Väter.

4. Im Fahrradständer der Schule stehen 45 Fahrräder (F) und Mountainbikes (MB). Es sind 21 Mountainbikes mehr als Fahrräder. Wie viele Fahrräder und Mountainbikes stehen im Fahrradständer?

45 F und MB
24 F und MB | 21 MB
12 F | 12 MB | 21 MB

Antwort:
Im Fahrradständer stehen 33 Mountainbikes und 12 Fahrräder.

Der Stichwortzettel hilft!

Paul und seine Mutter machen einen großen Radausflug.

(1) **Wie viel muss Paul bezahlen?**
Löse mit Hilfe des Stichwortzettels.

4 Wurstsemmeln: 4 · 1,50 € = 6 €
3 Limo: 3 · 0,80 € = 2,40 €
2 Riegel: 2 · 0,50 € = 1 €
4 Äpfel: 4 · 0,40 € = 1,60 €
zusammen: 6 € + 2,40 € + 1 € + 1,60 € = 11 €

Antwort: Paul muss 11 € bezahlen.

(2) Paul und seine Mutter radelten am 1. Tag 44 km, am 2. Tag die Hälfte und am 3. Tag 15 km mehr als am 2. Tag. Wie viele Kilometer haben sie am 4. Tag geschafft, wenn sie insgesamt 140 km geradelt sind?

Gesamtstrecke 140 km			
1.Tag 44 km	2.Tag 22 km	3.Tag 37 km	4.Tag 37 km

44 : 2 = 22 22 + 15 = 37 140 - 44 - 22 - 37 = 37

Antwort: Am 4.Tag haben sie 37 km geschafft.

(3) Sie besichtigten eine Burg und gingen ins Schwimmbad. Paul bezahlte 4,– € Eintritt für die Burg und 1,50 € für das Schwimmbad. Seine Mutter zahlte immer das Doppelte.
Wie viel Euro mussten sie insgesamt bezahlen?

Eintritt Burg	8 € + 4 € = 12 €
Eintritt Bad	3 € + 1,50 € = 4,50 €
insgesamt	12 € + 4,50 € = 16,50 €

Antwort: Sie mussten 16,50 € bezahlen.

(4) Nach einem Sturz, bei dem Paul aber nicht verletzt wurde, musste sein Rad repariert werden. Das Vorderrad kostete 41,85 €, der Mantel 15,25 €, der Schlauch 5,75 € und die Arbeitszeit 15 €.
Wie viel kostete die Reparatur?

Vorderrad	41,85 €
Mantel	15,25 €
Schlauch	5,75 €
Arbeitszeit	+ 15,00 €
	11 1
zusammen	77,85 €

Antwort: Die Reparatur kostete 77,85 €.

Schaubilder genau lesen

So alt werden Tiere im Durchschnitt:

(1) **Trage auch diese Tiere in das Schaubild ein:**
Papagei: 40 Jahre, Pferd: 35 Jahre, Ziege: 15 Jahre

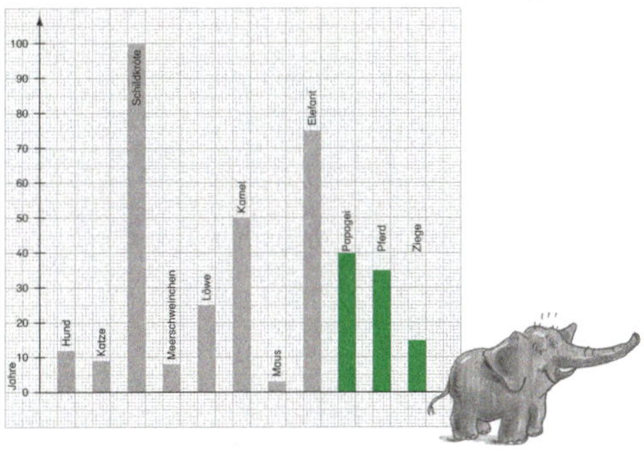

(2) **Lies das Schaubild genau und beantworte die Fragen.**
Welches Tier …

a) … kann am ältesten werden? Schildkröte
b) … erreicht das geringste Alter? Maus
c) … wird nur halb so alt wie die Schildkröte? Kamel
d) … wird doppelt so alt wie der Löwe? Kamel
e) … erreicht das 3-fache Alter einer Maus? Katze
f) … wird um die Hälfte älter als das Kamel? Elefant
g) Welche Tiere werden älter als das Pferd?
Papagei, Elefant, Kamel, Schildkröte

Die Kinder der Seegrundschule wurden nach ihrem Lieblingsessen gefragt. Hier das Ergebnis:

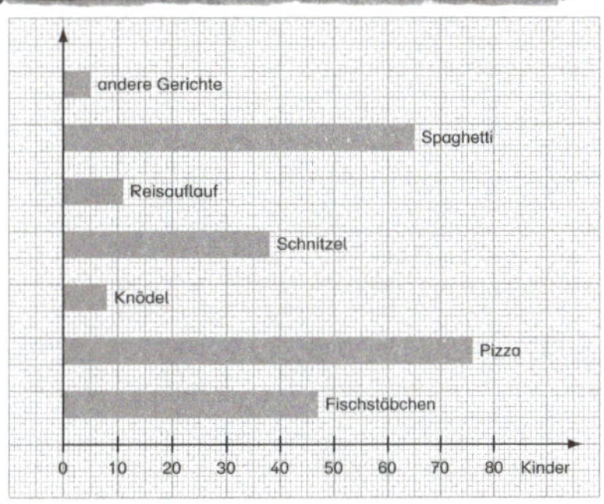

	5
	65
	11
	38
	8
	76
+	47
	250

(1) **Lies das Schaubild genau, rechne und ergänze.**
a) Wie viele Kinder wurden insgesamt befragt?
Antwort: 250 Kinder nahmen an der Umfrage teil.
b) Nenne das Lieblingsgericht der meisten Kinder: Pizza
c) Wie heißen die drei beliebtesten Speisen?
Pizza, Spaghetti, Fischstäbchen

(2) **Welche Aussagen stimmen? Kreuze an ☒.**
- ☒ Pizza wurde doppelt so oft als Lieblingsgericht genannt wie Schnitzel.
- ☒ Das Schnitzel kam bei der Umfrage auf Platz 4.
- ☐ Knödel nannten mehr Kinder als den Reisauflauf.
- ☒ Mehr als die Hälfte aller Kinder haben als Lieblingsgericht Pizza oder Spaghetti angegeben.

Aus welchem Netz wurde der Würfel gebaut?
Streiche die falschen durch.

①
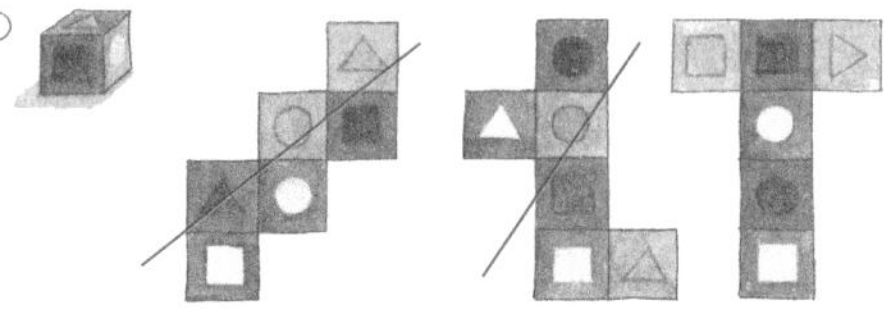

②
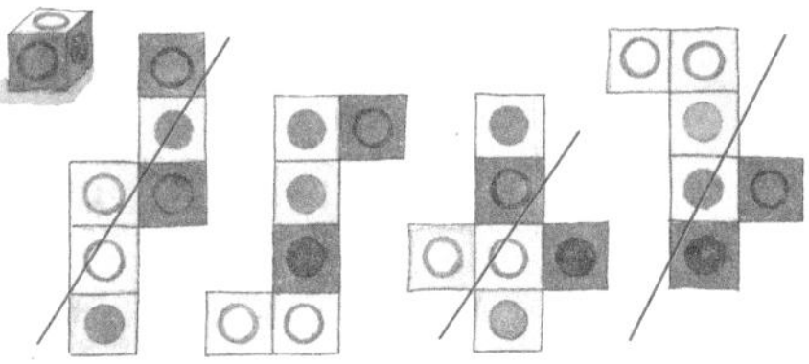

3
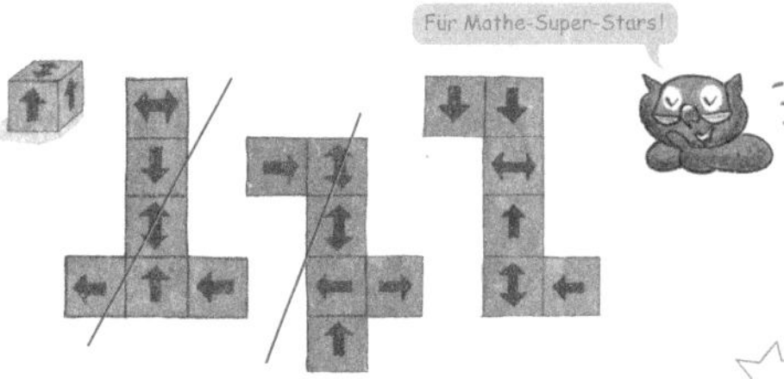

① Wie viele Würfelaugen sind insgesamt sichtbar, wenn du den Turm von oben und von allen Seiten betrachtest?

a)

Tipp: Gegenüberliegende Würfelseiten ergeben immer 7.

Antwort: Insgesamt kannst du 33 Augen sehen.

b) c) d)
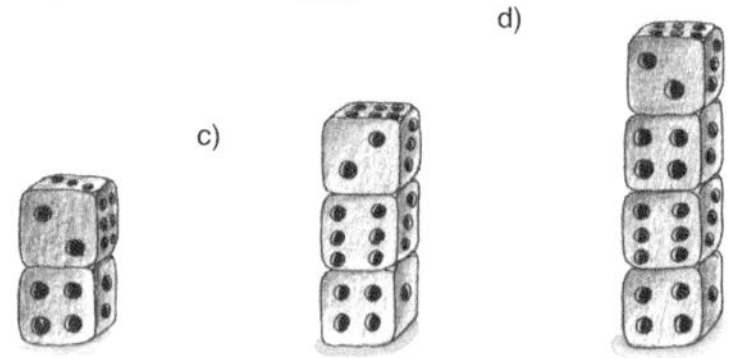

b) 31 Würfelaugen c) 48 Würfelaugen d) 62 Würfelaugen

② Wie groß ist die Zahl der Augen, die man nicht sehen kann, wenn man die Türme von oben und allen Seiten betrachtet?

a) b) c)

a) 12 Würfelaugen b) 9 Würfelaugen c) 18 Würfelaugen

① **Verbinde.**

1 t (Tonne) = 1000 kg (Kilogramm)
1 kg = 1000 g (Gramm)

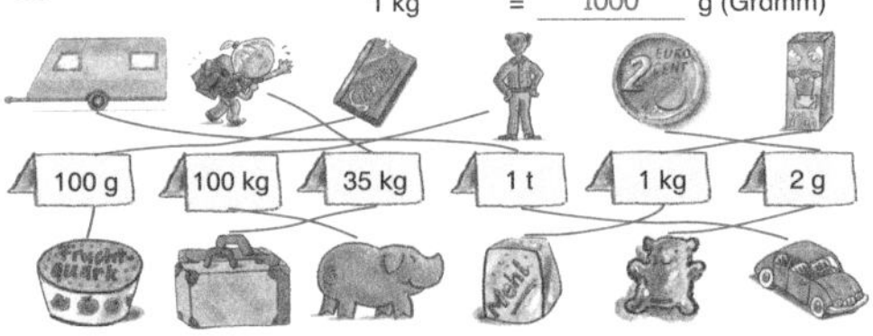

② **Wie schwer sind die Einkaufskörbe?**

Joghurt	Butter	Wasser	Nudeln	Nusscreme	Korb
125 g	250 g	1,5 kg	500 g	400 g	550 g

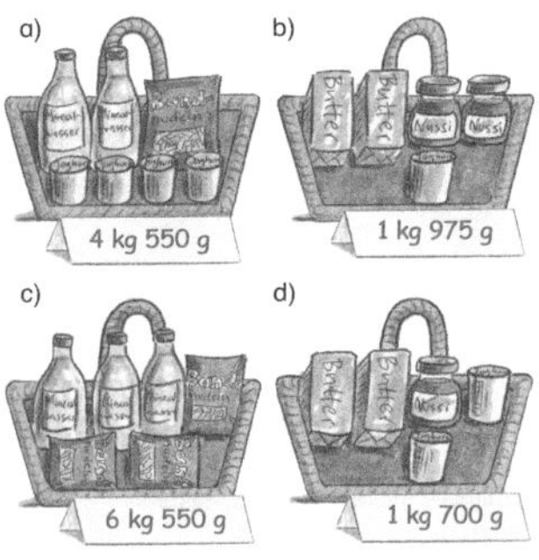

a) 4 · 125 g = 500 g
2 · 1,50 kg = 3 kg
500 g + 3 kg + 500 g + 550 g = 4 kg 550 g

b) 2 · 400 g = 800 g
2 · 250 g = 500 g
800 g + 500 g + 125 g + 550 g = 1 kg 975 g

c) 3 · 1,5 kg = 4,5 kg
3 · 500 g = 1,5 kg
4,5 kg + 1,5 kg + 550 g = 6 kg 550 g

d) 2 · 125 g = 250 g
2 · 250 g = 500 g
250 g + 500 g + 400 g + 550 g = 1700 g = 1 kg 700 g

③ Sandras Familie fährt mit dem Auto in den Urlaub. Ihr Auto darf zusammen mit der Ladung höchstens 1 t 456 kg wiegen.

a) Wie viel Gewicht darf noch geladen werden, wenn das leere Auto 1 t 50 kg wiegt?

b) Sandra überlegt: Mama wiegt 69 kg, Papa 80 kg, und Thomas und ich zusammen 78 kg. Wie schwer darf dann unser Urlaubsgepäck noch sein?

a)
  1456 kg
− 1050 kg
   406 kg

b) 69 kg + 80 kg + 78 kg = 227 kg
406 kg − 227 kg = 179 kg

Antwort:
a) Es dürfen noch 406 kg geladen werden.
b) Das Urlaubsgepäck darf 179 kg schwer sein.

④ Tom bekommt neue Kinderzimmermöbel. Sein Vater holt alles mit dem Autoanhänger im Möbelhaus ab: Zwei Sessel mit je 18 kg, drei Regale zu je 45 kg, einen Schreibtisch mit 58 kg und einen Schrank mit 150 kg. Der Anhänger darf höchstens mit 460 kg beladen werden.

a) Wie schwer sind alle Möbel zusammen?

b) Kann Toms Vater sie auf einmal im Anhänger mit nehmen?

a) 2 · 18 kg = 36 kg
3 · 45 kg = 135 kg

36 kg + 135 kg + 58 kg + 150 kg = 379 kg < 460 kg

Antwort:
a) Die Möbel sind insgesamt 379 kg schwer.
b) Toms Vater kann alles mitnehmen.

Jede Menge Möglichkeiten!

Jedes Menü 6,50 €

Kinderspeisekarte
- Nudelsuppe
- Gemüsesuppe

***

- Spaghetti mit Tomatensoße
- Kleines Schnitzel mit Pommes
- Spätzle mit Soße und frischem Gemüse

***

- Eisbecher „Himbeertraum"
- Obstsalat mit Sahne
- Überraschungspfannkuchen

(1) Im Gasthaus am See können die Kinder ihr eigenes Menü (Suppe, Hauptgericht und Nachtisch) zusammenstellen.

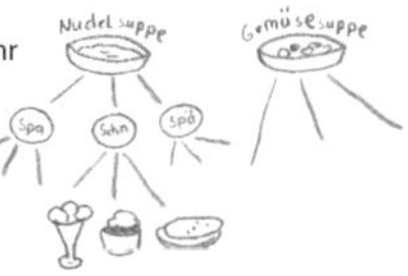

a) Wie viele verschiedene Kindermenüs (mit Suppe, Hauptgericht und Nachspeise) können bestellt werden?
18 Menüs   [3 · 3] + [3 · 3] = 18

b) An Sonntagen wird auch noch eine Knödelsuppe angeboten. Wie viele verschiedene Menüs können dann bestellt werden?
27 Menüs

Mein Tipp:
- **Schreibe verschiedene Menüs auf.**
- **Schau dir die Zeichnung an und versuche die Aufgabe rechnerisch zu lösen.**

Nudelsuppe
Spaghetti
Himbeertraum

Nudelsuppe
Spätzle
Himbeertraum

Nudelsuppe
Schnitzel
Himbeertraum

3 · 3 + 3 · 3 +
3 · 3 = 27

(2) Bauer Binder hat einen roten Traktor, einen grünen Unimog und einen blauen Schlepper. In seiner Maschinenhalle stehen außerdem 4 verschiedene Anhänger: ein Holzanhänger (A1), ein Anhänger mit einem Wasserfass (A2), ein Viehanhänger (A3) und ein Güllewagen (A4).

a) Wie viele Gespanne mit einem Fahrzeug und einem Anhänger kann Bauer Binder zusammenstellen?

3 · 4 = 12

Antwort: Er kann 12 Gespanne zusammenstellen.

b) Wie viele verschiedene Möglichkeiten gibt es, wenn jedes Fahrzeug 2 Anhänger zieht?

+ A1 + A2
+ A1 + A3
+ A1 + A4

+ A2 + A3
+ A2 + A4

+ A3 + A4

6 + 6 + 6 = 18

Antwort: Es gibt 18 verschiedene Möglichkeiten.

Schneckengeschichten

(1) Eine Schnecke ist in einen 12 Meter tiefen Brunnen gefallen. Sie kriecht jeden Tag 4 Meter am feuchten Brunnenschacht hoch, in der Nacht rutscht sie aber wieder 2 Meter ab.

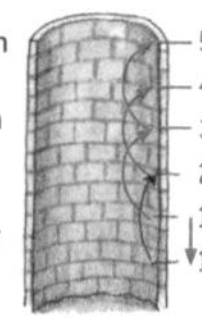

a) In welcher Höhe ist sie am Abend des 2. Tages?
Sie ist bei 6 m angekommen.

b) Wann ist sie am Brunnenrand angekommen?
Am 5. Tag ist sie am Brunnenrad angekommen.

(2) Eine kleine Schnecke will über eine 2 m hohe Mauer kriechen. Jeden Tag schafft sie 70 cm nach oben, in der Nacht rutscht sie dann aber wieder 30 cm nach unten.

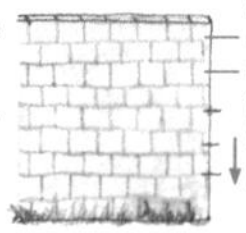

a) In welcher Höhe befindet sie sich am Morgen des 3. Tages?
Sie befindet sich bei 80 cm.

b) Wann kommt sie oben auf der Mauer an?
Sie kommt am 5. Tag oben an.

Mehr oder weniger?

(1) Andrea und Kathrin haben insgesamt 58 Kastanien gesammelt. Andrea hat 12 Kastanien mehr als Kathrin. Wie viele Kastanien hat jeder gesammelt?

Antwort:
Andrea hat 35 Kastanien, Kathrin hat 23 Kastanien.

(2) Benjamin und Moritz wiegen zusammen 64 kg. Moritz ist 6 kg leichter als Benjamin. Wie viel wiegt jeder?

Antwort: Benjamin: 35 kg   Moritz: 29 kg

(3) Markus und Kevin haben zusammen 54 Sammelkarten. „Wenn du mir von deinen Karten 6 gibst, dann hat jeder von uns gleich viel", sagt Markus zu Kevin. Wie viele Sammelkarten hat jeder?

Antwort: Kevin: 33 Karten   Markus: 21 Karten

1) 58 - 12 = 46
46 : 2 = 23
23 + 12 = 35

2) 64 + 6 = 70
70 : 2 = 35
35 - 6 = 29

3) 54 : 2 = 27
27 - 6 = 21
27 + 6 = 33

Erlebnisbad Paradies-Therme

Öffnungszeiten: Mo/Di/Mi/Do/So: 9-22 Uhr
Fr/Sa: 9-24 Uhr

Eintrittspreise:	2 Std.	4 Std.	Tageskarte
Erwachsene:	9,50 €	13,50 €	16,50 €
Kinder 6-15 Jahre:	6,50 €	9,50 €	11,50 €
Kinder unter 6 Jahren:	3,50 €	3,50 €	3,50 €

(1) **Öffnungszeiten**

a) Wann hat das Erlebnisbad am Mittwoch geöffnet? 9-22 Uhr

b) Wann hat das Bad am Samstag geöffnet? 9-24 Uhr

c) Wie viele Stunden hat das Bad am Sonntag geöffnet?

9.00 Uhr —(+ 13 h)→ 22 Uhr

Antwort: Das Bad hat 13 h geöffnet.

d) Wie viele Stunden hat das Bad am Freitag geöffnet?

9.00 Uhr —(+ 15 h)→ 24 Uhr

Antwort: Das Bad hat 15 h geöffnet.

(2) **Eintrittspreise**

a) Wie viel kostet eine Tageskarte für ein Kind mit 9 Jahren?

11,50 €

b) Wie viel muss ein Kind mit 14 Jahren für 4 Stunden bezahlen?

9,50 €

c) Wie viel muss ein Erwachsener für 4 Stunden bezahlen?

13,50 €

d) Wie viel kostet der Eintritt für ein Kind mit 5 Jahren? 3,50 €

(3) Tom ist 14 Jahre alt. Er kauft sich um 14.34 Uhr eine Karte für 9,50 Euro. Bis zu welcher Uhrzeit darf er im Bad bleiben?

Antwort: Er darf bis 18.34 Uhr bleiben.

(3) 14.34 Uhr
(+ 4 h)
18.34 Uhr

(4) Sarah ist 4 Jahre alt. Sie ist mit Mama einen Tag lang im Bad. Wie teuer ist der Eintritt für beide?

Antwort: Der Eintritt kostet für beide insgesamt 20 €.

(4) 3,50 € + 16,50 € = 20 €

(5) Das ist Familie Huber: Papa, Mama, Opa, Lisa (3 Jahre) und die Zwillinge (8 Jahre). Sie wollen am Sonntag für 4 Stunden ins Erlebnisbad gehen.

a) Wie viel müssen alle zusammen bezahlen?

Antwort: Sie müssen 63 € bezahlen.

b) Wie viel müssten sie bezahlen, wenn sie einen ganzen Tag im Bad blieben?

Antwort: Sie müssten 76 € bezahlen.

(5)
a)
3 · 13, 50 € = 40, 50 €
2 · 9,50 € = 19,00 €
40,50 € + 19 € + 3,50 € = 63 €
b)
3 · 16,50 € = 49,50 €
2 · 11,50 € = 23 €
49,50 € + 23 € + 3,50 € = 76 €

(6) Maria darf sich zu ihrem 9. Geburtstag ein Geschenk für 50 Euro aussuchen. Sie wünscht sich einen Nachmittag im Bad für sich und ihre gleichaltrigen 3 Freundinnen. Jedes Kind soll im Bad noch einen Eisbecher für 4,50 € bekommen.

a) Wie lange können sie im Bad bleiben, damit das Geld reicht?

Antwort: Sie können 2 h im Bad bleiben.

b) Wie viel Geld bleibt Maria noch übrig?

6 €

(6)
4 · 4,50 € = 18 € für das Eis
50 € - 18 € = 32 € bleiben für den Eintritt
4 · 6,50 € = 26 € (für 2 h)
4 · 9,50 € = 38 € (für 4 h)

(1) Teile das Zifferblatt der Uhr mit geraden Strichen so in sechs Teile, dass immer zwei Zahlen in einem Teil stehen und die Zahlen in einem Teil gemeinsam 13 ergeben.

(2) Teile das Ziffernblatt der Uhr mit geraden Strichen in drei Teile. In jedem Teil sollen vier Zahlen stehen.

Wenn du die vier Zahlen in einem Teil zusammenzählst, erhältst du in jedem Teil dasselbe Ergebnis.

(1) **Erkenne die Regel und male das nächste Zeichen.**

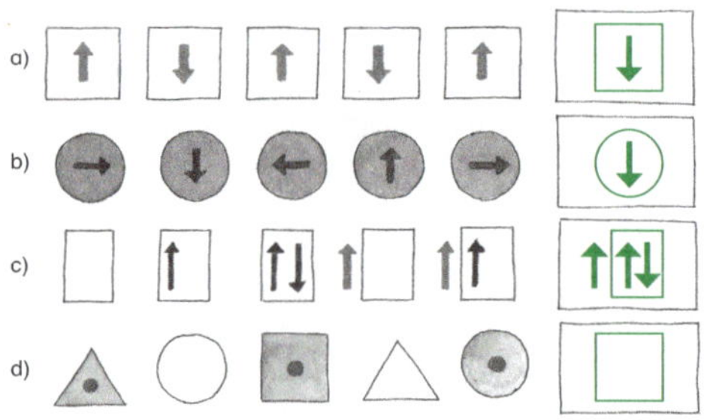

(2) **In jeder Reihe ist ein Bild dabei, das nicht dazugehört. Streiche es durch.**

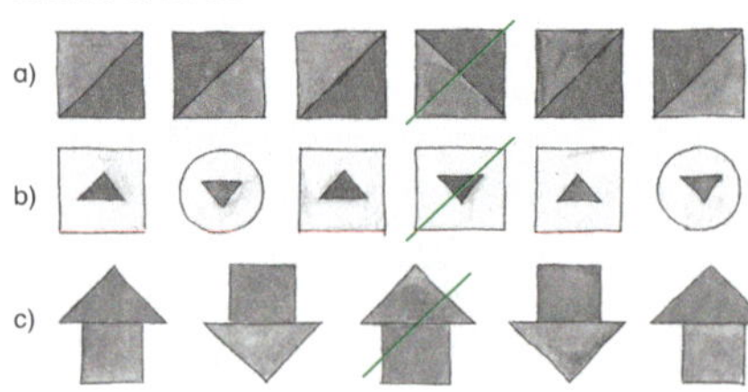

Tipp: Denke daran: Das Einfache und das Doppelte zusammen sind 3 Teile.

1 Ein Bauer besitzt doppelt so viele Kühe wie Schweine. Insgesamt hat er 18 Tiere. Wie viele Schweine und Kühe sind es?

18 Kühe und Schweine		
6 Kühe	6 Kühe	6 Schweine

18 : 3 = 6

Antwort:
Der Bauer besitzt 12 Kühe und 6 Schweine.

2 In einem Wildgehege befinden sich insgesamt 24 Rehe (R) und Hirsche (H). Tobias zählt dreimal so viele Rehe wie Hirsche.

Das Einfache und das Dreifache zusammen sind 4 Teile.

24 Rehe und Hirsche			
6 R	6 R	6 R	6 H

2 4 : 4 = 6

Antwort: Im Wildgehege befinden sich 18 Rehe und 6 Hirsche.

Das 4-fache und das 1-fache zusammen sind 5 Teile.

3 In einem Vogelkäfig befinden sich insgesamt 35 Vögel. Es sind viermal so viele Sittiche (S) wie Papageien (P).

35 Vögel				
7 S	7 S	7 S	7 S	7 P

3 5 : 5 = 7

Antwort:
Im Vogelkäfig befinden sich 28 Sittiche und 7 Papageien.

4 Zwei Zahlen ergeben zusammen 24. Die größere der Zahlen ist 3-mal so groß wie die kleinere.

2 4 : 4 = 6

3 · 6 = 1 8   1 · 6 = 6

Das Dreifache und das Einfache zusammen sind 4 Teile.

Antwort:
Die größere Zahl heißt 18 und die kleinere Zahl 6.

5 Patrick bekommt zum Geburtstag von seinen Eltern Rollerblades. Seine Großeltern schenken ihm Knieschoner, Ellenbogenschoner und einen Helm. Die Sicherheitsausrüstung ist halb so teuer wie die Rollerblades. Alles zusammen kostet 120 €. Wie viel kosten die Rollerblades?

120 €		
40 €	40 €	40 €

Antwort: Die Rollerblades kosten 80 €.

Die Mädchen haben verschiedene Lieblingsfarben und sind unterschiedlich alt.

Tipp: Wenn du ein ⊕ machen konntest, mache in der gleichen Zeile und in der gleichen Spalte überall ⊖.

Trage ⊕ oder ⊖ für Lieblingsfarbe und Alter in der Tabelle ein.

	Simone	Sarah	Lena
rot	⊖	⊕	⊖
blau	⊕	⊖	⊖
gelb	⊖	⊖	⊕

	Simone	Sarah	Lena
8 Jahre	⊖	⊕	⊖
9 Jahre	⊖	⊖	⊕
10 Jahre	⊕	⊖	⊖

Wer hat welchen Beruf?

	Max	Christian	Anne	Noemi
Schüler/-in	⊖	⊖	⊖	⊕
Bäcker/-in	⊖	⊖	⊕	⊖
Fotograf/-in	⊕	⊖	⊖	⊖
Lehrer/-in	⊖	⊕	⊖	⊖

Wer spielt welches Musikinstrument?

	Max	Christian	Anne	Noemi
Trompete	⊖	⊕	⊖	⊖
Klarinette	⊖	⊖	⊖	⊕
Flöte	⊕	⊖	⊖	⊖
Trommel	⊖	⊖	⊕	⊖

Der Hexeneinkauf

(1) Die Hexen Snoa und Titi kochen für die Blocksberg-Party eine Rattenschwanzsuppe. Wie viel müssen sie bezahlen?

Rezept:
2 kg Rattenschwänze
300 g Mäusezähne
2 kg Suppengewürze
Im Kupferkessel kochen!

R-Schwänze 2 · 14 € = 28 €

Mäusezähne 15,00 €
Suppengewürze 2 · 2,80 = 5,60 €
Kupferkessel + 75,00 €
123,60 €

Antwort:
Sie müssen 123,60 € bezahlen.

(2) Lore und Pufru mixen den Gruseltrank. Sie brauchen 20 l Holundersaft, 1 l Zauberwasser, 100 g Löwenzahnblüten und 10 g Fledermausblut. Sie bezahlen mit einem 100-€-Schein. Wie viel bekommen sie zurück?

Saft: 2 · 21,60 € = 43,20 €
Z-Wasser: 15,00 €
Löwenzahn: 2 · 3 € = 6,00 €
F-Blut: + 9,90 €
74,10 €
Rückgeld:
100 € − 74,10 € = 25,90 €

Antwort:
Sie bekommen 25,90 € zurück.

1 Kasten Butterbier 10 €
1 Flasche Schlangenmilch 8 €
1 Packung Kekse 50 €

(3) Ana, Emur und Betu kaufen für ihren Stand 12 Kästen Butterbier, 20 Flaschen Schlangenmilch, 2 Packungen Magische Kekse und 400 g Mäusezähne. An der Kasse merken sie, dass sie nur 256 € dabeihaben.
Wie viel Euro müssen sie herbeihexen?

Bier: 12 · 10 € = 120 €
Milch: 20 · 8 € = 160 €
Kekse: 2 · 50 € = 100 €
Mäusezähne: 4 · 5 € = 20 €
+ 1
400 €

Fehlbetrag
400 €
− 256 €
144 €

Antwort: Sie müssen noch 144 € herbeihexen.

Für Mathe-Super-Stars!

(4) Sinsa, Titi, Lore, Pufru, Ana, Emur, Betu und Fuja rechnen mit 600 Gästen bei der Blocksberg-Party. Wie viel Eintritt müssen sie pro Gast verlangen, damit ihre Ausgaben bezahlt sind?

1 123,60 €
2 74,10 €
3 400,00 €
+ 1
597,70 € ≈ 600 €

600 Gäste · 1 € = 600 €

Antwort:
Sie müssen von jedem Gast 1 € Eintritt verlangen.

Mit Würfeln bauen

(1) Aus wie vielen Einzelwürfeln besteht der Würfelkörper?

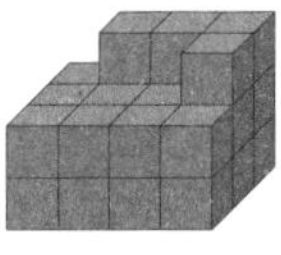

28 Würfel

28 Würfel

(2) Welches Stück fehlt wo? Male es in der richtigen Farbe an.

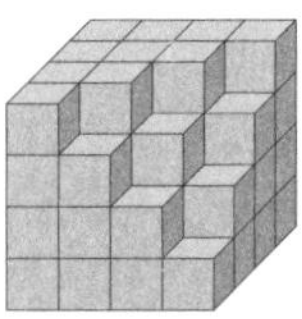

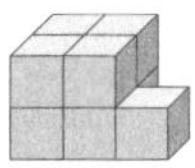

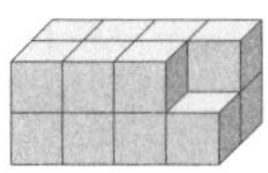

Das Geheimnis des Sternenhimmels
Auflösung Sternenbild: Drache

3 Erkennst du die Zahlen?

Eule = ____

Falter = ____

Katze = ____

Maus = ____

Schnecke = ____

Hase = ____

Ente = ____

1 Klaus ist größer als Tim, aber kleiner als Anja.
Jana ist kleiner als Tim.
Andi ist größer als Anja.

Ordne die Kinder nach ihrer Größe.
Beginne mit dem größten Kind.

Klaus ist größer als Tim, aber kleiner als Anja.

Jana ist kleiner als Tim.

Andi ist größer als Anja.

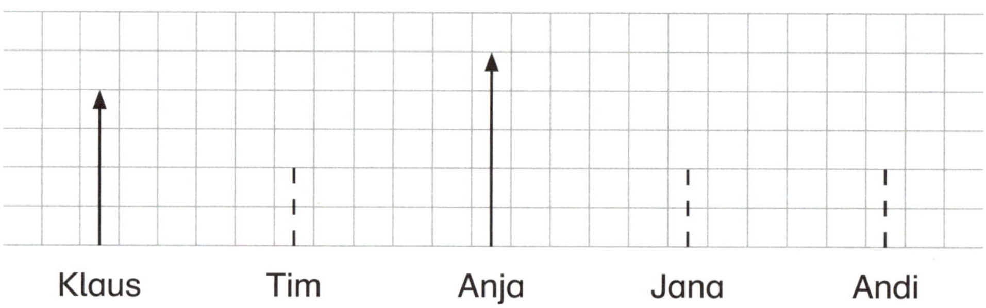

2 Fünf Kinder vergleichen ihre Schuhgrößen.
Petras Schuhe sind größer als Freds, aber kleiner als die von Ebru. Frank hat die größten Schuhe.
Bens Schuhe sind größer als die von Ebru.

Ordne und beginne mit dem Kind mit den kleinsten Schuhen.

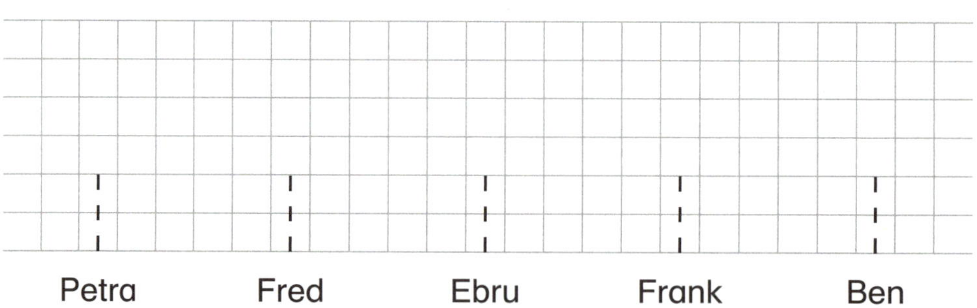

(3) Der Fernsehturm von München ist höher als der Turm in Hamburg, aber niedriger als der in Berlin. Der Turm in Köln ist höher als der in Stuttgart, aber niedriger als der in Hamburg.

Stuttgart (S) | Köln (K) | Berlin (B) | München (M) | Hamburg (HH)

Trage nun die richtigen Städtenamen (Abkürzungen) bei den Türmen ein.

368 m ______ | 291 m ______ | 280 m ______ | 266 m ______ | 217 m ______

1 In einem Zoogehege befinden sich Zebras und Giraffen.
Es sind 4 Zebras mehr als Giraffen. Insgesamt sind es 16 Tiere.

Tipp: Ziehe die 4 Zebras von der Gesamtzahl ab, dann sind von es von jeder Art gleich viele.

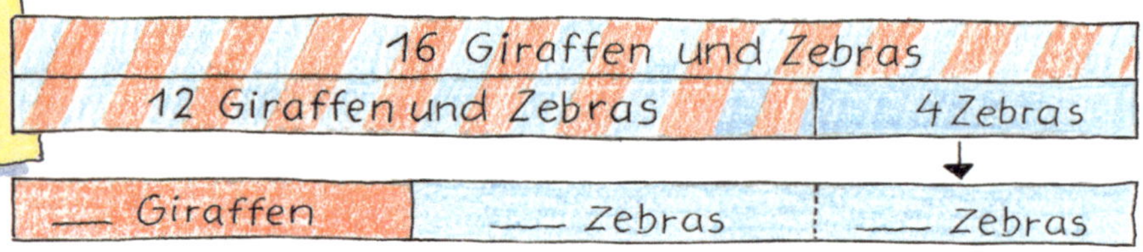

Antwort: Im Zoogehege befinden sich ___ Giraffen und ___ Zebras.

2 In der Klasse 3b sind insgesamt 27 Schüler.
Es sind 3 Jungen mehr als Mädchen.
Wie viele Jungen und Mädchen hat die Klasse?

Antwort: In der Klasse 3b sind ___ Mädchen und ___ Jungen.

3 Auf einem Parkplatz stehen Autos und Motorräder.
Es sind 14 Motorräder weniger als Autos.
Es parken 52 Fahrzeuge.

Antwort:
Auf dem Parkplatz stehen ___ Motorräder und ___ Autos.

Male die Blumen in der richtigen Farbe an.
Ergänze die Blätter in der richtigen Anzahl.
Trage den Namen auf dem richtigen Topf ein.

1) In der Mitte stehen die Blumen von Sabine und Andrea.

2) Mariannes Blume hat eine rote Blüte und 4 Blätter.

3) Erikas Blume steht rechts und ist nicht weiß.

5) Andreas Blume blüht gelb und hat nur ein Blatt.

4) Die weiße Blume hat drei Blätter und steht neben Mariannes Blume.

6) Die orangefarbene Blume hat 2 Blätter.

Male die Traktoren und die Räder in der richtigen Farbe an.
Ergänze die Namen ihrer Besitzer.

1) Hinter Herrn Wenzel fährt ein roter Traktor.

2) Vor dem Traktor mit den gelben Rädern fährt der blaue Traktor.

3) Herr Springer fährt als Erster. Sein Traktor hat keine gelben Räder.

4) Herr Giegers Traktor hat schwarze Räder.

5) Die roten Räder sind nicht am grünen Traktor.

Für Mathe-Super-Stars!

Wem gehört welches Auto?

Male die Autos und ihre Dächer in der richtigen Farbe an.
Ergänze die Kennzeichen und die Namen ihrer Besitzer.

1) Das blaue Auto steht nicht neben dem roten.

2) Das Auto mit dem schwarzen Dach hat das Nummernschild KE – KE 17.

3) Das rote Auto siehst du links neben dem grünen.

4) Herrn Mayers Auto hat ein silbernes Dach und trägt das Nummernschild M – AX 3.

5) Frau Männels Auto hat ein weißes Dach und steht in der Mitte.

6) Das Auto mit dem Nummernschild OA – SE 4 siehst du rechts von Herrn Kargs Wagen.

Berechne zuerst die Gesamtzahl der Tiere vor dem Verkauf der Lämmer.

(1) Ein Schäfer zählt seine Schafe und Lämmer. Es sind gleich viele Schafe und Lämmer. Nachdem er 10 Lämmer verkauft hat, besitzt er noch 38 Tiere. Wie viele Lämmer hat er noch?

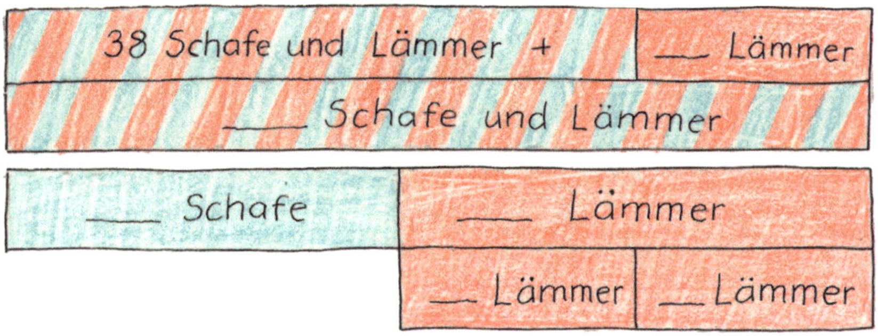

Antwort: Der Schäfer besitzt nach dem Verkauf der Lämmer noch ____ Lämmer.

(2) Zum Schulfest der Grundschule in Lernhausen kamen gleich viele Erwachsene (E) wie Kinder (K). Nachdem 60 Erwachsene gegangen waren, waren noch 140 Personen anwesend.
Wie viele Erwachsene waren am Ende des Schulfestes anwesend?

Antwort:
Am Ende des Schulfestes waren ____ Erwachsene anwesend.

3 Zum Elternabend der Klasse 3a kamen 34 Mütter (M) und Väter (V). Es waren 6 Väter weniger als Mütter. Wie viele Mütter kamen zum Elternabend?

Tipp: Zähle zu den 34 Müttern und Vätern noch 6 Väter dazu, dann wären es gleich viele Väter und Mütter.

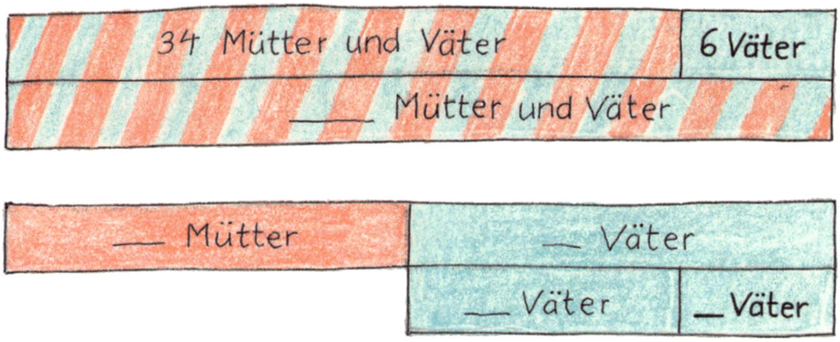

Antwort:
Zum Elternabend kamen ____ Mütter und ____ Väter.

4 Im Fahrradständer der Schule stehen 45 Fahrräder (F) und Mountainbikes (MB). Es sind 21 Mountainbikes mehr als Fahrräder. Wie viele Fahrräder und Mountainbikes stehen im Fahrradständer?

Antwort:
Im Fahrradständer stehen ____ Mountainbikes und ____ Fahrräder.

Paul und seine Mutter machen einen großen Radausflug.

1 **Wie viel muss Paul bezahlen?**
Löse mit Hilfe des Stichwortzettels.

4 Wurstsemmeln: 4 · 1,50 € = ___ €

3 Limo: 3 · __________ = __________

2 Riegel: __________

4 Äpfel: __________

zusammen: __________

Antwort: Paul muss __________ bezahlen.

(2) Paul und seine Mutter radelten am 1. Tag 44 km, am 2. Tag die Hälfte und am 3. Tag 15 km mehr als am 2. Tag. Wie viele Kilometer haben sie am 4. Tag geschafft, wenn sie insgesamt 140 km geradelt sind?

Gesamtstrecke ___ km			
1.Tag ___ km	2.Tag ___ km	3.Tag ___ km	4.Tag ___ km

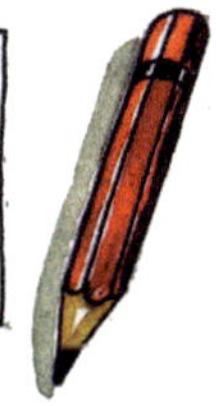

Antwort: Am 4.Tag haben sie ___ km geschafft.

(3) Sie besichtigten eine Burg und gingen ins Schwimmbad. Paul bezahlte 4,– € Eintritt für die Burg und 1,50 € für das Schwimmbad. Seine Mutter zahlte immer das Doppelte.
Wie viel Euro mussten sie insgesamt bezahlen?

Eintritt Burg ___

___

insgesamt ___

Antwort: Sie mussten ___ € bezahlen.

(4) Nach einem Sturz, bei dem Paul aber nicht verletzt wurde, musste sein Rad repariert werden. Das Vorderrad kostete 41,85 €, der Mantel 15,25 €, der Schlauch 5,75 € und die Arbeitszeit 15 €.
Wie viel kostete die Reparatur?

Vorderrad	___ €
___	___ €
___	___ €
___	___ €
zusammen	___ €

Antwort: Die Reparatur kostete ___ €.

So alt werden Tiere im Durchschnitt:

1 Trage auch diese Tiere in das Schaubild ein:
Papagei: 40 Jahre, Pferd: 35 Jahre, Ziege: 15 Jahre

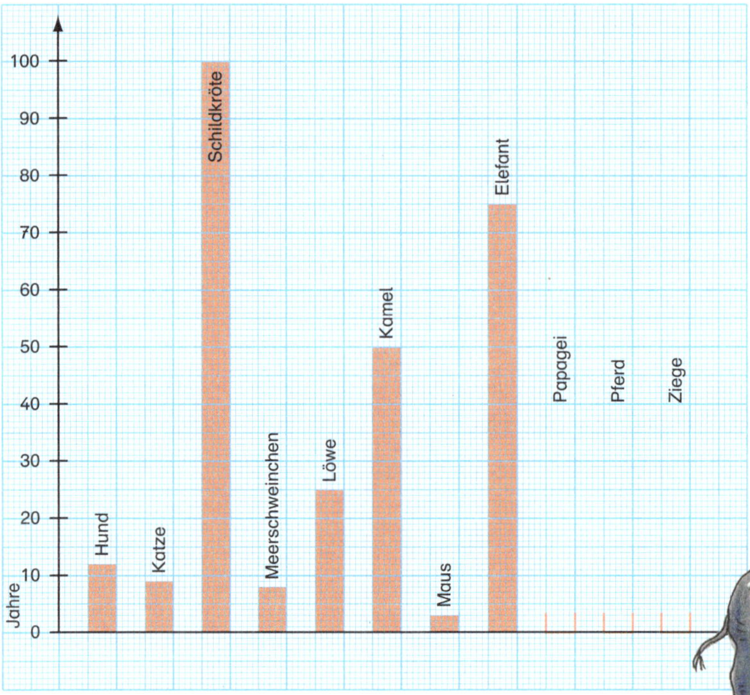

2 Lies das Schaubild genau und beantworte die Fragen.
Welches Tier …

a) … kann am ältesten werden? ______________________

b) … erreicht das geringste Alter? ______________________

c) … wird nur halb so alt wie die Schildkröte? ______________________

d) … wird doppelt so alt wie der Löwe? ______________________

e) … erreicht das 3-fache Alter einer Maus? ______________________

f) … wird um die Hälfte älter als das Kamel? ______________________

g) Welche Tiere werden älter als das Pferd?

____

Schau genau hin!

Die Kinder der Seegrundschule wurden nach ihrem Lieblingsessen gefragt. Hier das Ergebnis:

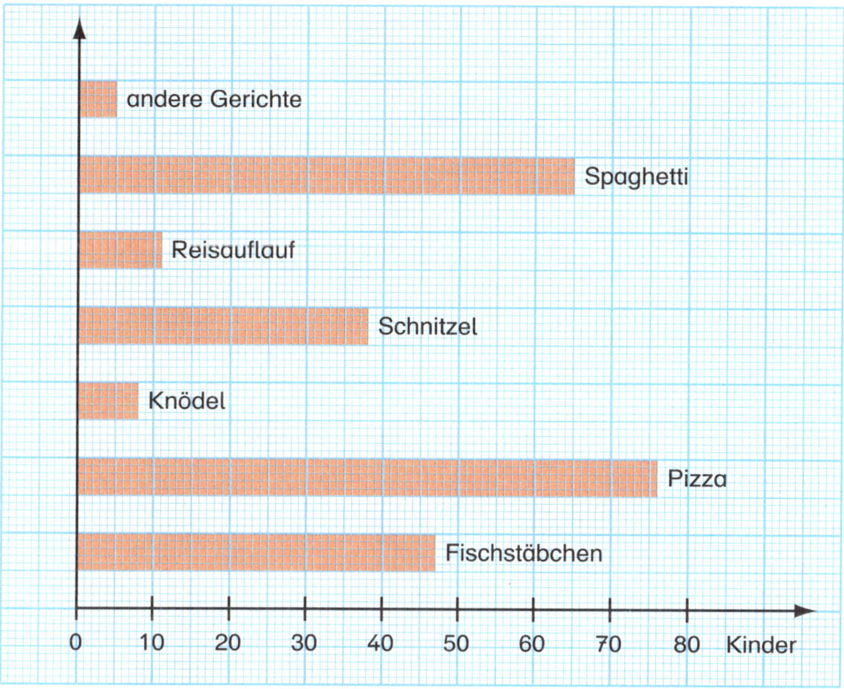

5
65
+

① **Lies das Schaubild genau, rechne und ergänze.**

a) Wie viele Kinder wurden insgesamt befragt?
Antwort: ______ Kinder nahmen an der Umfrage teil.

b) Nenne das Lieblingsgericht der meisten Kinder: ______________

c) Wie heißen die drei beliebtesten Speisen?

____

② **Welche Aussagen stimmen? Kreuze an ☒.**

- ☐ Pizza wurde doppelt so oft als Lieblingsgericht genannt wie Schnitzel.
- ☐ Das Schnitzel kam bei der Umfrage auf Platz 4.
- ☐ Knödel nannten mehr Kinder als den Reisauflauf.
- ☐ Mehr als die Hälfte aller Kinder haben als Lieblingsgericht Pizza oder Spaghetti angegeben.

Aus welchem Netz wurde der Würfel gebaut?
Streiche die falschen durch.

1

2

3

Würfelaugen

1 Wie viele Würfelaugen sind insgesamt sichtbar, wenn du den Turm von oben und von allen Seiten betrachtest?

a)

Tipp:
Gegenüberliegende Würfelseiten ergeben immer 7.

Antwort: Insgesamt kannst du ___ Augen sehen.

b)

c)

d)

___ Würfelaugen ___ Würfelaugen ___ Würfelaugen

2 Wie groß ist die Zahl der Augen, die man nicht sehen kann, wenn man die Türme von oben und allen Seiten betrachtet?

a)

b)

c)

___ Würfelaugen ___ Würfelaugen ___ Würfelaugen

1 t (Tonne) = ________ kg (Kilogramm)

1 kg = ________ g (Gramm)

1 **Verbinde.**

100 g | 100 kg | 35 kg | 1 t | 1 kg | 2 g

2 **Wie schwer sind die Einkaufskörbe?**

Joghurt	Butter	Wasser	Nudeln	Nusscreme	Korb
125 g	250 g	1,5 kg	500 g	400 g	550 g

a)

b)

c)

d)

(3) Sandras Familie fährt mit dem Auto in den Urlaub. Ihr Auto darf zusammen mit der Ladung höchstens 1 t 456 kg wiegen.

a) Wie viel Gewicht darf noch geladen werden, wenn das leere Auto 1 t 50 kg wiegt?

b) Sandra überlegt: Mama wiegt 69 kg, Papa 80 kg, und Thomas und ich zusammen 78 kg.
Wie schwer darf dann unser Urlaubsgepäck noch sein?

Antwort:

a) Es dürfen noch ____________ geladen werden.

b) Das Urlaubsgepäck darf ____________ schwer sein.

(4) Tom bekommt neue Kinderzimmermöbel. Sein Vater holt alles mit dem Autoanhänger im Möbelhaus ab: Zwei Sessel mit je 18 kg, drei Regale zu je 45 kg, einen Schreibtisch mit 58 kg und einen Schrank mit 150 kg. Der Anhänger darf höchstens mit 460 kg beladen werden.

a) Wie schwer sind alle Möbel zusammen?

b) Kann Toms Vater sie auf einmal im Anhänger mit nehmen?

Antwort:

a) Die Möbel sind insgesamt ____________ schwer.

b) Toms Vater kann ____________ mitnehmen.

Jedes Menü 6,50 €

Kinderspeisekarte
- Nudelsuppe
- Gemüsesuppe

***

* Spaghetti mit Tomatensoße
* Kleines Schnitzel mit Pommes
* Spätzle mit Soße und frischem Gemüse

***

□ Eisbecher „Himbeertraum“
□ Obstsalat mit Sahne
□ Überraschungspfannkuchen

1 Im Gasthaus am See können die Kinder ihr eigenes Menü (Suppe, Hauptgericht und Nachtisch) zusammenstellen.

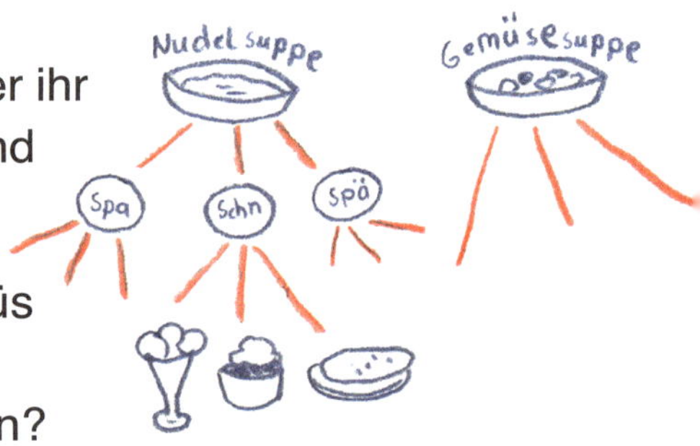

a) Wie viele verschiedene Kindermenüs (mit Suppe, Hauptgericht und Nachspeise) können bestellt werden?

____

b) An Sonntagen wird auch noch eine Knödelsuppe angeboten. Wie viele verschiedene Menüs können dann bestellt werden?

____

Mein Tipp:
- **Schreibe verschiedene Menüs auf.**
- **Schau dir die Zeichnung an und versuche die Aufgabe rechnerisch zu lösen.**

Mein Tipp:
Mach die Zeichnung
fertig und rechne!

2 Bauer Binder hat einen roten Traktor, einen grünen Unimog und einen blauen Schlepper. In seiner Maschinenhalle stehen außerdem 4 verschiedene Anhänger: ein Holzanhänger (A1), ein Anhänger mit einem Wasserfass (A2), ein Viehanhänger (A3) und ein Güllewagen (A4).

a) Wie viele Gespanne mit einem Fahrzeug und einem Anhänger kann Bauer Binder zusammenstellen?

Antwort: ______________________________________.

Mein Tipp:
Aufschreiben ist
hilfreich!

b) Wie viele verschiedene Möglichkeiten gibt es, wenn jedes Fahrzeug 2 Anhänger zieht?

+ A1	+ A2
+ A1	+ A3
+ A1	+ A4
+ A2	+ A3
+ A2	+ A4
+	

Antwort: ______________________________________.

Schneckengeschichten

1 Eine Schnecke ist in einen 12 Meter tiefen Brunnen gefallen. Sie kriecht jeden Tag 4 Meter am feuchten Brunnenschacht hoch, in der Nacht rutscht sie aber wieder 2 Meter ab.

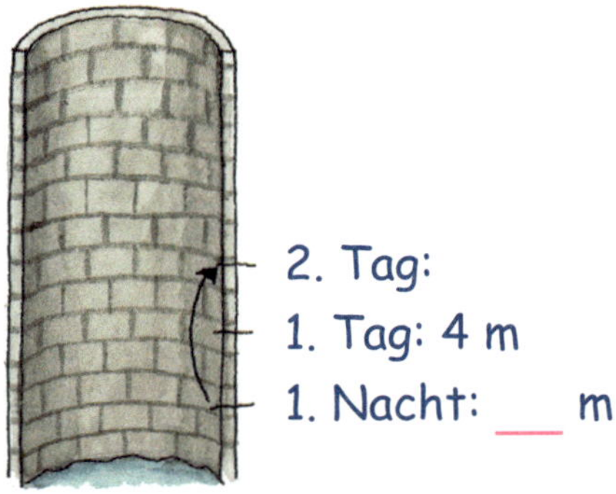

a) In welcher Höhe ist sie am Abend des 2. Tages?

____.

b) Wann ist sie am Brunnenrand angekommen?

____.

2 Eine kleine Schnecke will über eine 2 m hohe Mauer kriechen. Jeden Tag schafft sie 70 cm nach oben, in der Nacht rutscht sie dann aber wieder 30 cm nach unten.

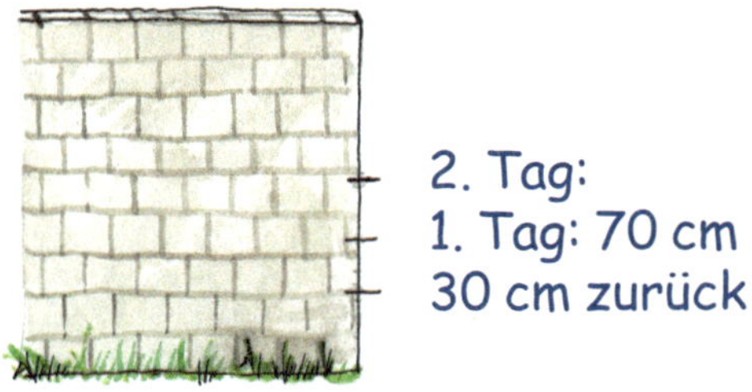

a) In welcher Höhe befindet sie sich am Morgen des 3. Tages?

____.

b) Wann kommt sie oben auf der Mauer an?

____.

Mehr oder weniger?

1 Andrea und Kathrin haben insgesamt 58 Kastanien gesammelt. Andrea hat 12 Kastanien mehr als Kathrin. Wie viele Kastanien hat jeder gesammelt?

Antwort: ____.

2 Benjamin und Moritz wiegen zusammen 64 kg. Moritz ist 6 kg leichter als Benjamin. Wie viel wiegt jeder?

Antwort: ____

3 Markus und Kevin haben zusammen 54 Sammelkarten. „Wenn du mir von deinen Karten 6 gibst, dann hat jeder von uns gleich viel“, sagt Markus zu Kevin. Wie viele Sammelkarten hat jeder?

Antwort: ____

Erlebnisbad Paradies-Therme

Öffnungszeiten: Mo/Di/Mi/Do/So: 9–22 Uhr
Fr/Sa: 9–24 Uhr

Eintrittspreise:	2 Std.	4 Std.	Tageskarte
Erwachsene:	9,50 €	13,50 €	16,50 €
Kinder 6–15 Jahre:	6,50 €	9,50 €	11,50 €
Kinder unter 6 Jahren:	3,50 €	3,50 €	3,50 €

1 Öffnungszeiten

a) Wann hat das Erlebnisbad am Mittwoch geöffnet? ________ Uhr

b) Wann hat das Bad am Samstag geöffnet? ________ Uhr

c) Wie viele Stunden hat das Bad am Sonntag geöffnet?

Antwort: Das Bad hat ______ geöffnet.

d) Wie viele Stunden hat das Bad am Freitag geöffnet?

Antwort: Das Bad hat ______ geöffnet.

2 Eintrittspreise

a) Wie viel kostet eine Tageskarte für ein Kind mit 9 Jahren?

____

b) Wie viel muss ein Kind mit 14 Jahren für 4 Stunden bezahlen?

____

c) Wie viel muss ein Erwachsener für 4 Stunden bezahlen?

____

d) Wie viel kostet der Eintritt für ein Kind mit 5 Jahren? ________

3 Tom ist 14 Jahre alt. Er kauft sich um 14.34 Uhr eine Karte für 9,50 Euro. Bis zu welcher Uhrzeit darf er im Bad bleiben?

Antwort: Er darf bis __________ bleiben.

4 Sarah ist 4 Jahre alt. Sie ist mit Mama einen Tag lang im Bad. Wie teuer ist der Eintritt für beide?

Antwort: Der Eintritt kostet für beide insgesamt _______.

5 Das ist Familie Huber: Papa, Mama, Opa, Lisa (3 Jahre) und die Zwillinge (8 Jahre). Sie wollen am Sonntag für 4 Stunden ins Erlebnisbad gehen.

a) Wie viel müssen alle zusammen bezahlen?

Antwort: Sie müssen ________ bezahlen.

b) Wie viel müssten sie bezahlen, wenn sie einen ganzen Tag im Bad blieben?

Antwort: Sie müssten ________ bezahlen.

6 Maria darf sich zu ihrem 9. Geburtstag ein Geschenk für 50 Euro aussuchen. Sie wünscht sich einen Nachmittag im Bad für sich und ihre gleichaltrigen 3 Freundinnen. Jedes Kind soll im Bad noch einen Eisbecher für 4,50 € bekommen.

a) Wie lange können sie im Bad bleiben, damit das Geld reicht?

Antwort: Sie können _____ im Bad bleiben.

b) Wie viel Geld bleibt Maria noch übrig?

____

Denksport-Uhr

(1) Teile das Zifferblatt der Uhr mit geraden Strichen so in sechs Teile, dass immer zwei Zahlen in einem Teil stehen und die Zahlen in einem Teil gemeinsam 13 ergeben.

(2) Teile das Ziffernblatt der Uhr mit geraden Strichen in drei Teile. In jedem Teil sollen vier Zahlen stehen.

Wenn du die vier Zahlen in einem Teil zusammenzählst, erhältst du in jedem Teil dasselbe Ergebnis.

1 **Erkenne die Regel und male das nächste Zeichen.**

a) 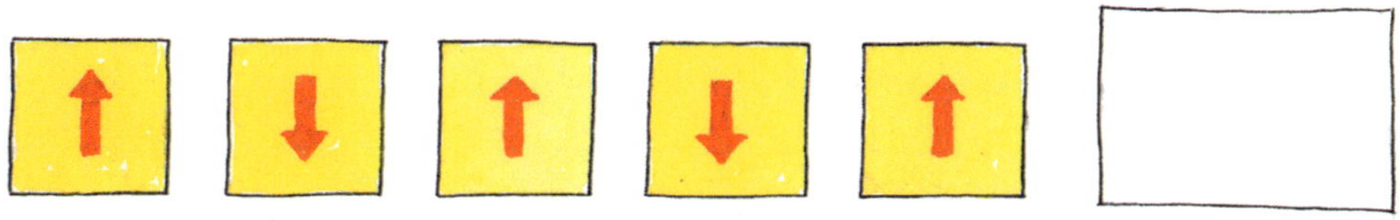

b) 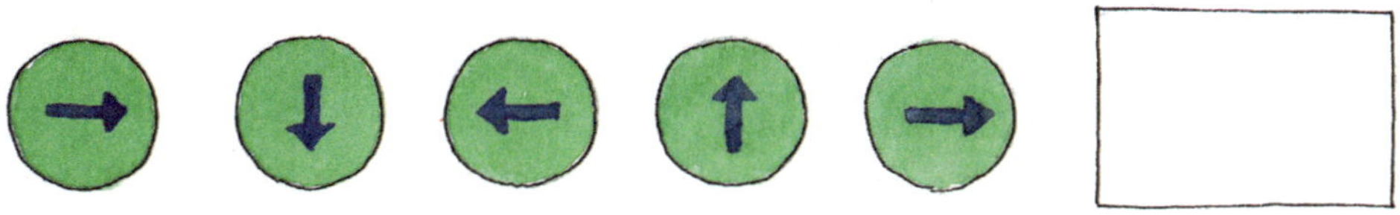

c) 

d) 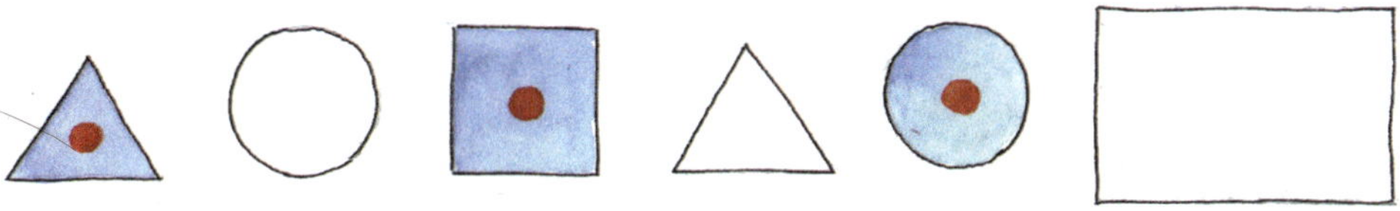

2 **In jeder Reihe ist ein Bild dabei, das nicht dazugehört. Streiche es durch.**

a) 

b) 

c) 

Tipp:
Denke daran:
Das Einfache und das Doppelte zusammen sind 3 Teile.

(1) Ein Bauer besitzt doppelt so viele Kühe wie Schweine. Insgesamt hat er 18 Tiere.
Wie viele Schweine und Kühe sind es?

18 : ___ = ___

Antwort:
Der Bauer besitzt ___ Kühe und ___ Schweine.

(2) In einem Wildgehege befinden sich insgesamt 24 Rehe (R) und Hirsche (H). Tobias zählt dreimal so viele Rehe wie Hirsche.

Das Einfache und das Dreifache zusammen sind ___ Teile.

Antwort: Im Wildgehege befinden sich ___ Rehe und ___ Hirsche.

Das ___ fache und
das ___ fache zusammen
sind ___ Teile.

(3) In einem Vogelkäfig befinden sich insgesamt 35 Vögel.
Es sind viermal so viele Sittiche (S) wie Papageien (P).

Antwort:
Im Vogelkäfig befinden sich ___ Sittiche und ___ Papageien.

(4) Zwei Zahlen ergeben zusammen 24. Die größere der Zahlen ist 3-mal so groß wie die kleinere.

Das Dreifache und das Einfache zusammen sind ___ Teile.

Antwort:
Die größere Zahl heißt ___ und die kleinere Zahl ___ .

Für Mathe-Super-Stars!

5 Patrick bekommt zum Geburtstag von seinen Eltern Rollerblades. Seine Großeltern schenken ihm Knieschoner, Ellenbogenschoner und einen Helm. Die Sicherheitsausrüstung ist halb so teuer wie die Rollerblades. Alles zusammen kostet 120 €. Wie viel kosten die Rollerblades?

Antwort: Die Rollerblades kosten ___ €.

Tipp: Wenn du ein ⊕ machen konntest, mache in der gleichen Zeile und in der gleichen Spalte überall ⊖.

Die Mädchen haben verschiedene Lieblingsfarben und sind unterschiedlich alt.

Trage ⊕ oder ⊖ für Lieblingsfarbe und Alter in der Tabelle ein.

	Simone	Sarah	Lena
rot	⊖		
blau	⊕	⊖	⊖
gelb	⊖		

	Simone	Sarah	Lena
8 Jahre			
9 Jahre			
10 Jahre			

Sarah

Lena

Simone

Wer hat welchen Beruf?

	Max	Christian	Anne	Noemi
Schüler/-in				
Bäcker/-in				
Fotograf/-in				
Lehrer/-in				

Wer spielt welches Musikinstrument?

	Max	Christian	Anne	Noemi
Trompete				
Klarinette				
Flöte				
Trommel				

Anne

Noemi

Max

Christian

(1) Die Hexen Snoa und Titi kochen für die Blocksberg-Party eine Rattenschwanzsuppe. Wie viel müssen sie bezahlen?

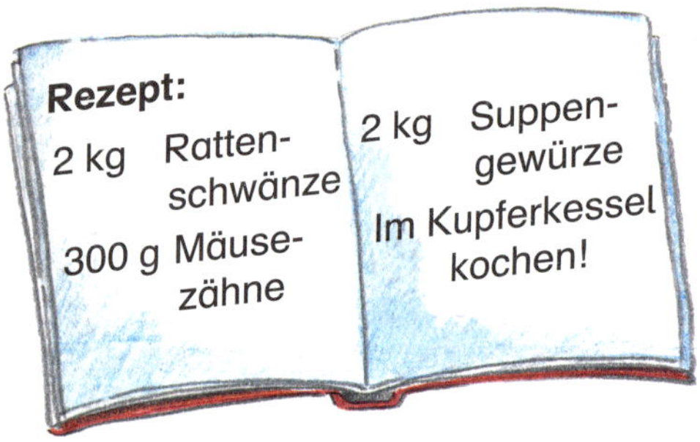

R-Schwänze 2 · ____ € = ______

Antwort:
Sie müssen ________ € bezahlen.

(2) Lore und Pufru mixen den Gruseltrank. Sie brauchen 20 l Holundersaft, 1 l Zauberwasser, 100 g Löwenzahnblüten und 10 g Fledermausblut. Sie bezahlen mit einem 100-€-Schein. Wie viel bekommen sie zurück?

Antwort:
Sie bekommen ________ € zurück.

1 Kasten Butterbier	10 €
1 Flasche Schlangenmilch	8 €
1 Packung Kekse	50 €

3 Ana, Emur und Betu kaufen für ihren Stand 12 Kästen Butterbier, 20 Flaschen Schlangenmilch, 2 Packungen Magische Kekse und 400 g Mäusezähne. An der Kasse merken sie, dass sie nur 256 € dabeihaben.
Wie viel Euro müssen sie herbeihexen?

Antwort: Sie müssen noch ________ herbeihexen.

Für Mathe-Super-Stars!

4 Sinsa, Titi, Lore, Pufru, Ana, Emur, Betu und Fuja rechnen mit 600 Gästen bei der Blocksberg-Party. Wie viel Eintritt müssen sie pro Gast verlangen, damit ihre Ausgaben bezahlt sind?

1 ________

2 ________

3 ________

Antwort:
Sie müssen von jedem Gast ________ Eintritt verlangen.

① **Aus wie vielen Einzelwürfeln besteht der Würfelkörper?**

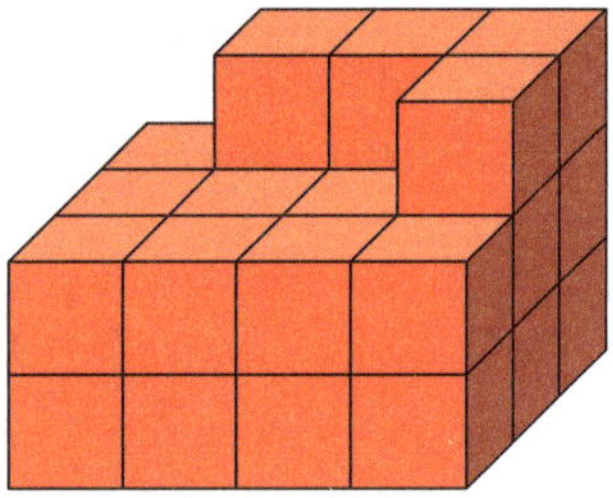

____ Würfel

____ Würfel

② **Welches Stück fehlt wo? Male es in der richtigen Farbe an.**